29.07.16

Menzil

D1677232

SEMERKAND
İstanbul 2014

SEMERKAND : 259

Hadis Kitaplığı: 5

yayin@semerkand.com

ISBN: 978-605-159-076-9

Yazar : Yrd. Doç. Dr. Mehmet Ayhan
Editör : Eyyüp Beyhan
Redaksiyon : Yakup Sevimli
Dinî Tashih : A. Suat Demirtaş
Arapça Tashih : Adem Ürün
İmla Tashihi : Mehmet Günyüzlü
Nedret Topçu
Kapak : Erdem Özsaray
İç Tasarım : Yunus Kızılırmak
Baskı : Sistem Matbaacılık
Davutpaşa Cad.
Yılanlı Ayazma Sok. No: 8
Davutpaşa/İstanbul
Tel: 0212 482 11 01
(yaygın dağıtım)

Aralık 2014, İstanbul
1. Baskı

GENEL DAĞITIM

 **POZİTİF**
DAĞITIM
TÜRKİYE: Eyüpsultan Mah. Esma Sokak. No.7/A Samandıra-Sancaktepe-İstanbul
Tel: 0216 564 26 26 **Faks:** 0216 564 26 36 online satış: www.semerkandpazarlama.com

 **EROL**
MEDIEN
AVRUPA EROL Medien GmbH Kölner Str. 256 51149 Köln
Tel: 02203/369490 **Fax:** 02203/3694910 www.semerkandonline.de

YRD. DOÇ. DR. MEHMET AYHAN

efendimiz'in
[sallallahu aleyhi vesellem]
izinde
günlük
hayat

SEMERKAND

İÇİNDEKİLER

Birinci Bölüm
GÜZEL AHLÂK

İkinci Bölüm
GÜNLÜK YAŞANTIMIZDA SÜNNET

ÖNSÖZ

Hamd, bildiğimiz ve bilmediğimiz bütün âlemleri yoktan var eden ve her türlü noksan sıfatlardan münezzeh olan Allah Teâlâ'ya, salâtü selâm O'nun habibi ve üsve-i hasene olan Hz. Muhammed Mustafa'ya, onun pak Ehl-i beyt'ine ve güzide ashabına olsun. Selâm ayrıca kıyamete kadar Resûlullah'ın ve ashabının yolundan gidenlerin üzerine olsun.

Efendimiz'in (s.a.v) İzinde Günlük Hayat adını taşıyan çalışmamız giriş ve iki bölümden oluşmaktadır. Giriş kısmında sünnet ve sünnete uymanın önemi üzerinde kısaca durulmuş ve ardından birinci bölüme geçilmiştir.

Birinci bölüm "Güzel Ahlâk" ismini almaktadır. Burada ana hatlarıyla güzel ahlâk ve onun önemi üzerinde durulmuştur. Ayrıca belli başlı güzel ahlâk konuları kısa başlıklar halinde ele alınmıştır. Çalışmamızın muhtevası ve hedefi güzel ahlâk konularının tamamını ele almak değildir. Bu yüzden güzel ahlâkla ilgili belirli konular seçilmiştir. Söz konusu seçim yapılırken günlük hayatta daha ziyade karşılaşılan konular olmasına özen gösterilmiştir.

İkinci bölüm "Günlük Yaşantımızda Sünnet" ismini taşımaktadır. Bölüm, isminden anlaşılacağı üzere günlük hayatımızda Hz. Peygamber'in [sallallahu aleyhi vesellem] uygulamalarını konu edinmektedir. Bu bölümde taharetten ziyarete kadar gündelik hayatımızı ilgilendiren belli başlı konular ele alınmıştır. Konular işlenirken önce konunun ana başlığı verilmiş, ardından alt başlıklar halinde konular incelenmiştir. Ana başlığın altındaki başlıklar genellikle konuyla ilgili hadisten çıkarılmış bir hüküm veya yoruma dayanmaktadır. Başlıklar belirlenirken konunun önemini ifade etmesinin yanında okuyucunun dikkatini çekecek şekilde olmasına ihtimam gösterilmiştir.

Konuların işlenişi esnasında okuru yormamak için başlıklar çoğaltılmış fakat konular uzatılmamıştır. Konuların kısa ve yalın bir şekilde anlatılmasına özellikle gayret edilmiştir.

Çalışmada kendilerinden istifade ettiğim hocam Doç. Dr. Dilaver Selvi'ye, kıymetli mesai arkadaşım Yrd. Doç. Dr. Ahmet Ekşi'ye, Semerkand Yayınevi personeline, ayrıca dualarıyla beni destekleyen kıymetli büyüklerime ve aileme şükranlarımı sunar, merhum ebeveynime Mevlâ'dan rahmet dilerim.

Yrd. Doç. Dr. Mehmet AYHAN

GİRİŞ

Sünnet

Sünnet kelime olarak "yol, âdet, gidişat, huy, karakter, mizaç, hal, tavır, davranış" gibi anlamlara gelmektedir.

Terim olarak sünnet Hz. Peygamber'e nisbet edilen her türlü söz, fiil ve takrirlerin tamamına verilen isimdir. Kısaca sünnet, Resûlullah'ın İslâm'ı yaşayarak yorumlaması demektir. Bir başka ifade ile sünnet yaşayan Kur'an'dır; kelâm-ı kadîmin mücessem/somutlaşmış halidir.

Günümüzde hadis denince sünnet, sünnet denince de hadis anlaşılmaktadır. Yani iki kavram yekdiğerinin yerine de kullanılmaktadır.

Hz. Peygamber'in sözlerine kavlî sünnet, davranışlarına fiilî sünnet, sahabilerinin yaptıklarını onaylamasına ise takrirî sünnet denir.

Sünnete Uymanın Önemi

Tarih boyunca Kur'an ve Sünnet'in ayrılmaz iki temel kaynak olduğu inkâr edilemez bir vâkıadır. Müslümanlar için bu iki temel kaynağın önemi izaha gerek duymayacak kadar açıktır. Asr-ı saâdet'ten itibaren müslümanlar gerek ferdî gerekse içtimaî hayatlarını hep bu iki esasa göre şekillendirmişlerdir. Bu dönüşümden dolayıdır ki Câhiliye devri sona ermiş ve yerini "saadet devri"ne, o unutulmaz döneme bırakmıştır.

Sünnet, İslâm'ın anlaşılması için Kur'ân-ı Kerîm'den sonra vazgeçilmez bir kaynaktır. Kur'ân-ı Kerîm'in hayatımıza tatbiki ancak sünneti anladığımız kadarıyla mümkündür. Bu sebeple sünneti dikkate almadan yapılan Kur'an yorumları ve Kur'an'dan pratik çözüm üretme gayretleri İslâm âlimleri tarafından onaylanmamıştır. Namazın nasıl kılınacağı, orucun nasıl tutulacağı, haccın nasıl yapılacağı ve kurbanın nasıl kesileceği sünnet bilinmeden anlaşılamaz. Bütün ibadetlerin, ahlâkî davranışların ve insanlar arası ilişkilerin bilinmesi sünnetin iyi kavranmasına bağlıdır.

Sünnetin önemi konusunu, âyet ve hadislerden misaller vererek sonlandıralım. Kur'ân-ı Kerîm'de Hz. Peygamber'e [sallallahu aleyhi vesellem] itaati emreden birçok âyet bulunmaktadır:

"Peygamber size ne verirse onu alın, neyi yasaklarsa ondan da kaçının!" (Haşr 59/7).

"De ki: Allah'ı seviyorsanız, bana uyunuz ki Allah da sizi sevsin ve günahlarınızı bağışlasın" (Âl-i İmrân 3/31).

"Allah'a ve kıyamet gününe kavuşacağını uman sizler için Allah'ın resûlünde güzel bir örnek vardır" (Ahzâb 33/21).

"Allah'a ve Resûlü'ne inanıyorsanız, anlaşmazlığa düştüğünüz konuları Allah'a ve Resûlü'ne arzediniz!" (Nisâ 4/59).

"Hayır Rabb'ine andolsun ki onlar, aralarında çıkan anlaşmazlıklarda seni hakem tayin etmedikleri, verdiğin hükmü, içlerinde hiçbir sıkıntı duymadan kabul edip teslim olmadıkları sürece tam mümin olamazlar" (Nisâ 4/65).

"Kim Peygamber'e itaat ederse, Allah'a itaat etmiş olur" (Nisâ 4/80).

"Gerçekten sen, doğru yola, Allah'ın yoluna çağırıyorsun" (Şûrâ 42/52).

"Peygamber'in emrine muhalefet edenler, fitneye ya da can yakıcı bir azaba uğramaktan çekinsinler" (Nûr 24/63).

Hz. Peygamber de [sallallahu aleyhi vesellem] sünnetin önemi hakkında şöyle buyurmaktadır:

"... Kim benim sünnetimden yüz çevirirse benden değildir" (Buhârî, Nikâh, 1; Müslim, Nikâh, 5).

"Size iki şey bırakıyorum. Onlara sımsıkı sarıldığınız sürece yolunuzu şaşırmazsınız: Allah'ın kitabı ve resûlünün sünneti" (Mâlik, *el-Muvatta*, Kader, 3).

"Dinin elden çıkışı sünnetin terkedilmesiyle başlar. Halat nasıl lif lif kopup parçalanırsa, din de sünnetin birer birer terkiyle ortadan kalkar" (Dârimî, Mukaddime, 16).

GÜZEL AHLÂK

ÜSTÜNLÜĞÜN ÖLÇÜSÜ: GÜZEL AHLÂK

Ahlâk kelimesi "huylar, mizaçlar, karakterler, tabiatlar" anlamındadır. Ayrıca insanın, iyi veya kötü olarak vasıflandırmaya yol açan manevi nitelikleri, huyları ve bunların etkisiyle ortaya koyduğu iradeli davranışlarının tamamına ahlâk denir.

Ahlâkın burada ele alacağımız kısmı âyet ve hadislerde övülen güzel ahlâktır. Şimdi güzel ahlâkın önemine kısaca bir göz atalım.

GÜZEL AHLÂKIN ÖNEMİ

Güzel ahlâk hakkında sevgili Peygamberimiz [sallallahu aleyhi vesellem] şöyle buyurmuştur:

"Şüphesiz ki sizin en hayırlı olanınız ahlâkı en güzel olanınızdır."[1]

"Müminlerin iman bakımından en üstün olanı, ahlâk bakımından en güzel olanıdır."[2]

---

1   Buhârî, Edeb, 39; Müslim, Fezâil, 68.
2   Ebû Davud, Sünnet, 14; Ahmed b. Hanbel, *el-Müsned*, 2/250.

"Bir mümin güzel ahlâkıyla nâfile oruç tutan, geceyi ibadetle geçiren kimselerin derecesine ulaşır."[3]

"Mîzanda güzel ahlâktan daha ağır gelen bir şey yoktur."[4]

Güzel ahlâkın önemi ile ilgili yüce kitabımız Kur'ân-ı Kerîm'de birçok âyet ve sevgili Peygamberimiz'den naklerilen çok sayıda hadis-i şerif bulunmaktadır. Yukarıda örnek olması açısından birkaç hadis zikrettik. Özetle ifade etmek gerekirse kişide güzel ahlâk bulunmadığı zaman, yapılan amel ve ibadetlerin bir ehemmiyeti kalmamaktadır. Yine sevgili Peygamberimiz'den [sallallahu aleyhi vesellem] öğrendiğimize göre ateşin odunu yiyip bitirdiği gibi kötü huylar da salih amellerin sevabını bitirmektedir. Nitekim sevgili Peygamberimiz haset hakkında şöyle buyurmuşlardır:

"Şüphesiz, ateşin odunu yakıp kül etmesi gibi haset de iyilikleri yer bitirir."[5]

Şimdi anne baba haklarından başlayarak güzel ahlâkın bir kısmını ana hatlarıyla inceleyelim.

ANNE BABA HAKKINI GÖZETMEK

Anne baba hakları dinimizce çok önemlidir. Bu hususta pek çok âyet-i kerime ve hadis-i şerif bulunmaktadır. Burada önce âyetlerden sonra hadislerden örnek vererek konunun önemine dikkat çekmek istiyoruz.

İsrâ sûresinde yüce Rabbimiz mealen şöyle buyurmaktadır:

---

3   Ebû Davud, Edeb, 7; Mâlik, *el-Muvatta*, Hüsnü'l-Huluk, 6.
4   Tirmizî, Birr ve Sıla, 62.
5   Ebû Davud, Edeb, 44; İbn Mâce, Zühd, 22.

"Rabb'in, sadece kendisine kulluk etmenizi, anne babanıza da iyi davranmanızı kesin bir şekilde emretti. Onlardan biri veya her ikisi senin yanında yaşlanırsa, kendilerine 'öf!' bile deme; onları azarlama; ikisine de güzel söz söyle.

Onlara merhamet ederek, alçak gönüllülükle üzerlerine kanat ger ve, 'Rabbim! Küçüklüğümde onlar beni nasıl yetiştirmişlerse, şimdi de sen onlara (öyle) rahmet et!' diyerek dua et" (İsrâ 17/23-24).

Büyük Günahlardan Biri

Resûl-i Ekrem [sallallahu aleyhi vesellem] bir hadislerinde şöyle buyurdular:

"Size büyük günahların en büyüğünü bildireyim mi?"

Sahabe, "Evet yâ Resûlallah!" deyince,

Hz. Peygamber [sallallahu aleyhi vesellem], *"Allah'a şirk koşmak, anne ve babaya karşı gelmektir"* buyurdular.

Öncelik Anneye

Ebû Hüreyre'den [radıyallahu anh] rivayet edildiğine göre Resûl-i Ekrem [sallallahu aleyhi vesellem] şöyle buyurmuşlardır:

"Adamın biri Resûlullah'a gelerek,

- Ey Allah'ın peygamberi! İnsanlar içerisinde birlikte bulunmama/hasbihal etmeme en layık kimdir, diye sordu. Hz. Peygamber [sallallahu aleyhi vesellem],

- *Annendir*, diye cevap verdi.

- Daha sonra kimdir, diye tekrar sordu.

- *Annendir,* buyurdu. Tekrar sorunca,

- *Annendir,* buyurdu. Adam,

- Daha sonra kimdir, diye tekrar sorunca Peygamber Efendimiz [sallallahu aleyhi vesellem],

- *Babandır,* buyurdu."[6]

Yukarıdaki hadiste Hz. Peygamber [sallallahu aleyhi vesellem] sohbet/güzel muamele anlamında üç defa anneyi zikretmiş, daha sonra babayı saymıştır. Hadiste anne hakkının ne kadar önemli olduğu ifade edilmiştir.

Allah'ın Rızası Baba Rızasındadır

Sevgili Peygamberimiz [sallallahu aleyhi vesellem] ebeveyn hakları hususunda bize şu uyarıda bulunmuşlardır:

"Allah'ın rızası babanın rızasında; Allah'ın gazabı da babanın hoşnutsuzluğundadır."[7]

Bu hadisten Allah'ın rızasının sadece babanın hoşnutluğunda olduğu sonucu çıkarılamaz. Bir önceki hadiste anne hakkı, baba hakkına nisbetle üç kat olarak zikredilmişti. Mümine yaraşan Rabb'ini razı etmek için anne babasını birlikte memnun etmesidir.

Anne Baba Hakkı Ödenir mi?

Sevgili Peygamberimiz [sallallahu aleyhi vesellem] ebeveyn haklarının ödenemeyeceğini belirtmek için şöyle buyurdular:

---

6   Müslim, Birr ve Sıla, 2; aynı anlamdaki hadisler için bk. Buhârî, Edeb, 2; Ebû Davud, Edeb, 119.

7   Tirmizî, Birr ve Sıla, 3.

"Hiçbir evlat babasının hakkını ödeyemez. Ancak onu köle olarak bulup satın alır ve hürriyetine kavuştururursa müstesna."[8]

Rahmetten Mahrum Olanlar

Anne babasıyla ilgilenmeyip onları ihtiyaç içinde bırakanlara -özellikle ihtiyarlık zamanında olanlara- Resûlullah'ın [sallallahu aleyhi vesellem] bedduası vardır:

"Hz. Peygamber şöyle buyurdular: *'Burnu yere sürtünsün (perişan olsun), burnu yere sürtünsün, burnu yere sürtünsün'.* 'Kimin yâ Resûlallah?' denince, *'İhtiyarlığı esnasında annesi ile babasından birine yahut her ikisine yetişip de (onların rızasını) kazanarak cennete giremeyen kimsenin'* buyurdular."[9]

Duaları Makbuldür

Evlatlara düşen vazife ebeveynlerini memnun etmektir. Anne baba memnun olunca doğal olarak evlatlarına hayır dua ederler. Onların en büyük duaları razı olmalıdır. Evlatlar için Hz. Peygamber'in ümmetine duası mesabesinde olan anne baba dualarını almak çok önemlidir. Çünkü bu dua sevgili Peygamberimiz'in [sallallahu aleyhi vesellem] haber verdiğine göre geri çevrilmemektedir. Söz konusu hadis şu şekildedir:

"Üç kişinin duasının kabul edileceğinde şüphe yoktur: Babanın duası, misafirin duası ve mazlumun duası."[10]

---

8   Müslim, İtk, 25; Tirmizî, Birr ve Sıla, 8.

9   Müslim, Birr ve Sıla, 3; Ahmed b. Hanbel, *el-Müsned*, 2/254 (Benzer bir rivayet).

10   Ebû Davud, Vitir, 29; Tirmizî, Birr ve Sıla, 7; İbn Mâce, Dua, 11; Ahmed b. Hanbel, *el-Müsned*, 2/258, 305.

Baba Dostlarıyla İlgiyi Kesmemek

Yüce dinimiz İslâm anne baba hakkına o kadar önem vermiştir ki onların vefatlarından sonra bile bu haklar devam etmektedir. Âdeta baba dostlarını ziyaret sıla-i rahimden bir parça gibi görülmüştür. Nitekim Resûl-i Zîşan şöyle buyurmuşlardır:

"İyiliklerin en güzeli baba dostları ile ilgiyi kesmemektir."[11]

ÇOCUKLARIMIZA KARŞI SORUMLULUKLARIMIZ

Çocukların Maddi ve Manevi İhtiyaçlarını Karşılamak

Çocukların beslenme, barınma, giyim kuşam, sağlık vb. maddi ihtiyaçlarının karşılanması anne baba üzerine vazifedir. Hz. Peygamber [sallallahu aleyhi vesellem] bir hadislerinde, *"İnsanın aile efradını sefil olarak bırakması ona günah olarak yeter"* buyurmuşlardır.[12]

Anne baba üzerine düşen bir diğer temel vazife de evlatlara sevgi ve şefkat göstermeleridir. Resûlullah [sallallahu aleyhi vesellem], çocuklara olan sevgi ve şefkati garipseyen birine,

"Allah senin kalbinden merhameti söküp almışsa ben sana ne yapabilirim"[13] diye tenkitte bulunmuşlardır.

---

11 Müslim, Birr ve Sıla, 11; Tirmizî, Birr ve Sıla, 5 (anne baba haklarıyla ile ilgili diğer hadisler için bk. İbn Allân, Muhammed Ali b. Muhammed, *Delîlü'l-Fâlihîn li-Turukı Riyâzi's-Sâlihîn* [nşr. Halil b. Me'mûn Şeyha], 3/142 vd.).

12 Ebû Davud, Zekât, 45.

13 Buhârî, Edeb, 18; Müslim, Fezâil, 65.

Evlatlarına karşı maddi ve manevi sorumlulukları bulunan ebeveyne düşen vazifelerden bir kısmı şunlardır:

Çocuğun Doğumundan Sonra Yapılacaklar

Çocuklar, Allah Teâlâ'nın anne babaya hediyesi ve evliliğin meyvesidir. Allah'ın yokluktan varlık âlemine çıkardığı evlatlar ailenin neşe kaynağıdır. Cenâb-ı Hak dilediğine kız, dilediğine erkek evlat verir. Dilemediğine de evlat vermeyebilir. Takdir, yüceler yücesi olan Rabbü'l-âlemîn'e aittir.

Çocuğun kız veya erkek olması değil hayırlı olması önemlidir. Bu yüzden Cenâb-ı Allah'tan isterken evladın da hayırlısını istemelidir. Nitekim âyet-i kerimede evlat istenirken çocuğun cinsiyeti değil sıfatı zikredilmiştir. Âyetteki bu istek şu şekilde ifadesini bulmaktadır:

" *(Rahmân'ın kulları), 'Rabbimiz! Bize eşlerimizden ve çocuklarımızdan gözümüzün aydınlığı olacak salih evlatlar ihsan et ve bizi Allah'a karşı gelmekten sakınanlara önder yap' derler"* (Furkân 25/74).

Bir çocuk dünyaya geldiğinde anne baba çok sevinir ve Allah'a şükreder. Anne babaya bu şükrün gereği denebilecek bazı sorumluluklar düşmektedir. Bunlardan bazıları şöyledir:

Ezan ve Kamet

Yeni doğan bir çocuğa isim konmadan önce sağ kulağına ezan sol kulağına kamet okunması sünnete uygundur. Hz. Peygamber [sallallahu aleyhi vesellem] torunu Hz. Hasan'ın [radıyallahu anh] kulağına ezan okumuştur.[14]

Güzel Bir İsim

Dünyaya yeni gelen çocuğa güzel bir isim verilmesi evladın ebeveyni üzerindeki haklarındandır. İsim, dünya hayatında da ahiret âleminde de önemlidir. Nitekim Resûl-i Ekrem Efendimiz [sallallahu aleyhi vesellem] bu hususta şöyle buyurdular:

"Kıyamet gününde kendi isimleriniz ve babalarınızın isimleriyle çağırılacaksınız. Öyleyse (çocuklarınıza) güzel isimler verin."[15]

Güzel isimleri yine Resûl-i Ekrem'den [sallallahu aleyhi vesellem] öğreniyoruz. Allah Resûlü buyurdular:

"Allah katında en güzel isimler Abdullah ve Abdurrahman'dır."[16]

Güzel isimler sadece hadiste sayılanlardan ibaret değildir. Ancak çocuklara isim verirken bazı edeplere dikkat etmekte fayda vardır. Bunları şöyle özetleyebiliriz:[17]

- Allah Teâlâ'ya ait isimler müstakil olarak konulamaz. Ancak, Allah'ın kulu anlamına gelen "abd" kaydı ile isim verilebilir. Misal olarak bir çocuğa Rahmân, Celîl, Samed gibi Cenâb-ı Hakk'ın isim ve sıfatları verilemezken Abdurrahman, Abdülcelil, Abdüssamed gibi isimler verilebilir.

---

14 Ebû Davud, Edeb, 117; Tirmizî, Edâhî, 17; Ahmed b. Hanbel, *el-Müsned,* 6/10.
15 Ebû Davud, Edeb, 69.
16 Müslim, Edeb, 1; Ebû Davud, Edeb, 69.
17 Bilgi için bk. Dilaver Selvi, *Delil ve Örnekleriyle Kadın ve Aile İlmihali,* İstanbul: Semerkand Yayınları, 2010, s. 333.

- Hz. Peygamber'in isim ve sıfatları ad olarak konulabilir. Aynı şekilde diğer peygamberlerin isimleri de çocuklara verilebilir. Peygamber isimlerini koymak hem çocuk için hem de ailesi için hayır ve bereket vesilesi olur.

- Sahabenin, âlim ve salih insanların, kahramanların ve sanatkârların isimleri tercih edilebilir. Ancak, anlamı güzel olmayan, söylenişi zor olan isimler değiştirilip yerine güzel isimler konabilir.

Akîka Kurbanı Kesmek ve Sadaka Vermek

Akîka, yeni doğan çocuğun başındaki saç anlamına gelir. Akîka kurbanı ise yeni doğan çocuk sebebiyle Allah'a şükür olarak kesilen kurbandır. Resûlullah [sallallahu aleyhi vesellem] akîka kurbanı hakkında şöyle buyurmuşlardır:

"(Yeni doğan her) bebekle beraber bir akîka bulunur. Öyleyse her yeni doğan çocuk için bir akîka kurbanı kanı akıtınız ve kendisinden ezayı kaldırınız."[18]

Kız veya erkek çocuk için bir tane koyun kesilmesi akîka için yeterli olur.[19] Resûl-i Ekrem [sallallahu aleyhi vesellem] torunları Hz. Hasan ve Hüseyin [radıyallahu anhümâ] için akîka olarak birer koç kurban etmiştir.[20] Kurban olarak koç, koyun gibi küçükbaş hayvan kesilebildiği gibi büyükbaş hayvanın bir hissesine girmek şeklinde de kesilebilir.

---

18 Buhârî, Akîka, 2; Tirmizî, Edâhî, 16; Ebû Davud, Dahâyâ, 20, 21.

19 Nesâî, Akîka, 2; ayrıca bk. Tirmizî, Edâhî, 16. Hz. Peygamber'in [sallallahu aleyhi vesellem] erkek çocuklar için iki, kız çocukları için bir tane akîka kesilmesi tavsiyesi de bulunmaktadır (hadisler için bk. Tirmizî, Edâhî, 16; Ebû Davud, Dahâyâ, 20, 21; Nesâî, Akîka, 2, 3.

20 Ebû Davud, Dahâyâ, 21; Nesâî'nin rivayetinde *"İki koç kurban etmiştir"* kaydı da bulunmaktadır (bk. Nesâî, Akîka, 4).

Akîka kurbanı çocuğun doğumunun yedinci gününde[21] kesilebileceği gibi daha sonra da kesilebilir. Akîka kurbanını kesmek çocuğun babasına ait bir vazifedir. Akîka kurbanı kesmek sünnettir. İmkân bulamayanların kesmeleri gerekmez.

Çocuk yedi günlük olduğunda çocuğun saçını kesip kesilen saçın ağırlığınca altın veya gümüş sadaka vermek sünnete uygundur. Ancak bu saç kesme olayı çocuğa zarar verecekse terkedilir. Akîka kurbanında olduğu gibi sadaka vermek de imkânlara bağlıdır. Bu sünnetleri yerine getirmeyenler günahkâr olmazlar. Ancak ebeveynin çocuk için az da olsa sadaka vermeleri güzel olur.[22]

Ayrımcılık Yok

Çocuklar arasında ayrım yapmama konusunda Resûlullah [sallallahu aleyhi vesellem] şöyle buyurmuşlardır:

"Allah'tan korkunuz ve evlatlarınız arasında adaletle muamele ediniz."[23]

Yukarıdaki hadisten de açıkça anlaşılacağı gibi ebeveynin evlatları arasında birini diğerine tercih etmesi/ayrımcılık yapması Allah Teâlâ'nın razı olacağı bir davranış değildir.

En Güzel Hediye En Kutlu Miras: Güzel Ahlâk

Resûl-i Ekrem [sallallahu aleyhi vesellem], çocuklara verilecek en güzel hediyeyi,

---

21 Akîkanın yedinci gününde kesilmesiyle ilgili hadisler için bk. Ebû Davud, Dahâyâ, 21; Nesâî, Akîka, 5.
22 Bilgi için bk. Selvi, *Kadın ve Aile İlmihali*, s. 335.
23 Buhârî, Hibe, 12; Müslim, Hibe, 13; Ebû Davud, Büyû', 83.

"Hiç kimse çocuğuna güzel ahlâktan daha değerli bir miras bırakmamıştır"[24] hadisiyle belirtmişlerdir.

Bütün anne babalar evlatlarına en güzel hediyeleri almak ister. Ancak herkesin imkânlarına göre hediye çeşitleri değişebilir. Babanın ailesine ve evlatlarına yaptıkları harcamalar sadaka hükmünde ve sevabında olduğu için onlara aldığı hediyeler de bu minvaldedir. Fakat burada da israfa kaçmamak ve ölçülü olmak gerekir.

Dinimiz çocuklara hediye almayı güzel görmekle birlikte çocuklara verilecek ve sermayesi hiç bitmeyecek en güzel hediye, güzel ahlâktır. Ne mutlu bu terbiyeden nasibi olanlara!

AKRABALARI GÖZETMEK

Sıla-i Rahim

Bilindiği gibi sıla-i rahim/akrabayı gözetmek dinimizce çok önemlidir. Bu yüzden Resûlullah [sallallahu aleyhi vesellem] şöyle buyurmuşlardır:

"Allah'a ve ahiret gününe iman eden akrabasını gözetsin."[25]

Sıla-i rahim, sadece akrabaları ziyaret değildir. Aynı zamanda onların hallerini görüp ihtiyaçlarını gidermektir. Burada kişiye düşen sorumluluk elinden geldiği kadardır. İmkânları olduğu halde akrabalarını ve yakınlarını gözetmeyen hadisin tehdidi altına girer.

---

24 Tirmizî, Birr ve Sıla, 33.
25 Buhârî, İlim, 37, Sayd, 8; Müslim, İmân, 74, 130.

Hiç Olmazsa Selâmını Esirgeme

Hz. Peygamber [sallallahu aleyhi vesellem] akrabalarını gözetmeyenler hakkında,

"Akrabalık ilişkilerini devam ettirmeyen (sıla-i rahimi kesen) cennete giremez"[26] buyurmuşlardır.

Akraba ile ilişkileri tamamen kesenler, onların durumlarıyla ilgilenmeyenler bu hadiste bildirilen tehlikeyle karşı karşıyadırlar. Akrabalarla ilişkiyi koparmamak için mümkünse ziyaret etmeli, ziyaret etme imkânı yoksa selâm göndererek, telefon ve diğer iletişim araçlarını kullanarak irtibatı devam ettirmelidir.

Rızkının Genişlemesini ve Ömrünün Bereketlenmesini İstemez misin?

Akraba ziyareti ve onların ihtiyaçlarını görmenin bereketiyle ilgili olarak Resûlullah [sallallahu aleyhi vesellem] şöyle buyurmuşlardır:

"Rızkının bollaştırılmasını ve ömrünün uzamasını (ve bereketlenmesini) isteyen kimse sıla-i rahimde bulunsun."[27]

Muhabbet Sebebi

Nasıl ki güzel dinimizi yaşamamız için öncelikle dinimizi güzelce öğrenmemiz gerekirse, aynı şekilde akraba ziyaretinde bulunmak için de ilk yapılması gereken akrabalarımızı tanımaktır.

---

26 Buhârî, Edeb, 11; Müslim, Birr ve Sıla, 19.
27 Buhârî, Edeb, 12, Büyû', 13; Müslim, Birr ve Sıla, 20.

İnsanın birinci derece yakınlardan başlayarak hısım ve akrabalarını öğrenmesi gerekir. Kişi, sülalesini tabii bir süreç içerisinde aile müessesesinde öğrenir. Ancak çeşitli sebeplerden dolayı akrabaların çok farklı yerleşim yerlerine dağıldığı günümüzde akrabaların tanınması ve gözetilmesi zorlaşmıştır. Bu yüzden anne babanın evlatlarına akrabalarını tanıtması gerekir.

Nitekim sevgili Peygamberimiz [sallallahu aleyhi vesellem] bu hususta şöyle buyurmuşlardır:

"Sıla-i rahim yapacağınız, görüp gözeteceğiniz akrabanızı öğreniniz. Zira akrabayı gözetmek ailede muhabbete sebep olur."[28]

KARI KOCA İLİŞKİLERİNDE HAKLARA RİAYET ETMEK

Evlenmek Sünnettir

Evlenmek Resûl-i Ekrem'in [sallallahu aleyhi vesellem] önemli sünnetlerinden biridir. Hz. Peygamber bu hususta şöyle buyurmuşlardır: *"Nikâh benim sünnetimdir. Benim sünnetime uymayan benden değildir. Evlenin, çünkü ben diğer ümmetlere sizin çokluğunuzla övüneceğim."*[29]

Müslüman Ev: Haklar ve Sorumluluklar

Bilindiği gibi toplumun temeli ve bekası aile kurumuna dayanmaktadır. Aile toplumdaki en önemli sosyal

---

28 Tirmizî, Birr ve Sıla, 49; Ahmed b. Hanbel, *el-Müsned*, 2/374; akrabaları gözetmekle ilgili bilgi ve diğer hadisler için bk. İbn Allân, *Delîlü'l-Fâlihîn*, 3/149 vd.

29 İbn Mâce, Nikâh, 1.

gruptur. Dolayısıyla sorumluluk bir toplumun en önemli yapı taşı olan ailede başlar. Bu hususta sevgili Peygamberimiz [sallallahu aleyhi vesellem] şöyle buyurmuşlardır:

"Hepiniz çobansınız ve size bağlı olan kişilerden sorumlusunuz. Devlet başkanı da bir çobandır, halkından sorumludur. (Evde) erkek, ailesinin çobanıdır ve ailesinden sorumludur. Kadın, kocasının evinde bir çobandır ve ailesinden sorumludur. Hizmetli, efendisinin parasının çobanıdır ve (yaptığı harcamadan) sorumludur. Hepiniz çobansınız ve hepiniz yaptığınız çobanlıktan hesaba çekileceksiniz."[30]

Zikredilen hadisten de anlaşılacağı gibi aile müessesesinde bir iş bölümü vardır. Bu da aile fertleri arasında karşılıklı hak ve sorumluluklar doğurmaktadır.

Erkeğin Sorumlulukları:
Saliha Bir Hanım, En Kıymetli Hazinedir

Büyük hadis âlimi Ebû Davud, İbn Abbas'tan [radıyallahu anh] şöyle nakleder: *"Altın ve gümüşü biriktirenler..."* (Tevbe 9/34) âyeti ininince müslümanlar bu âyetteki uyarının altında ezilmeye başladılar. Bunun üzerine Hz. Ömer, "Ben sizi rahatlatırım" diyerek Allah'ın resûlüne gitti ve,

"Ey Allah'ın peygamberi! Bu âyetin ağırlığı altında ashabın eziliyor" dedi. Resûlullah [sallallahu aleyhi vesellem],

"Allah zekâtı mallarınızdan fazla olanı temizlemek için farz kıldı, mirasları da sizden sonrakilere kalması için farz kıldı" buyurdu.

Hz. Ömer, Peygamber Efendimiz'in bu sözleri karşısında sevincinden tekbir getirdi. Sonra Allah Resûlü

---

30 Buhârî, Cum'a, 11; Müslim, İmâre, 20.

ona, *"Kişinin sahip olduğu en büyük hazineyi sana haber vereyim mi? Saliha (huyu suyu güzel olan) kadın. Kocası ona baktığı zaman içini sevinç kaplar; kocası ondan bir şey yapmasını istediğinde yapar; kocası yanında olmadığı zaman (onun haklarını ve saygınlığını) korur"* buyurdu.[31]

Hz. Peygamber'in [sallallahu aleyhi vesellem] yukarıdaki hadislerinden açıkça anlaşıldığı gibi Allah Teâlâ'nın insana verdiği nimetlerin en büyüğü ahlâkı güzel olan hayırlı bir eştir. Dolayısıyla insana düşen, bu en kıymetli hazinesinin değerini bilerek onun haklarını koruması, hatta ona ihsanda ve daha fazla iyilikte bulunarak elindeki nimetin şükrünü eda etmesidir.

Geçimin Temini

Kadınların giyimlerinin ve yeme içmelerinin temini erkekler üzerine vazifedir.[32] Buradaki ölçü örfe göre veya kişinin sahip olduğu ekonomik duruma göre değişebilir. Ev halkına yapılan bütün ikramlar sadaka hükmünde olduğu için[33] kişinin ailesine olabildiğince cömert davranması lehinedir.

Nafaka Temini İçin Çalışmak

Ailesinin geçimi için çalışmayı dinimiz ibadet hükmünde görmüş ve bu çaba için büyük mükâfat vaat etmiştir. Nitekim bu hususta sevgili Peygamberimiz [sallallahu aleyhi vesellem],

---

31 Ebû Davud, Zekât, 32; benzer bir rivayet için bk. Ahmed b. Hanbel, *el-Müsned*, 5/278; İbn Mâce, Nikâh, 5.

32 Tirmizî, Radâ', 11; İbn Mâce, Nikâh, 3.

33 İlgili hadis için bk. Buhârî, İmân, 41; Müslim, Zekât, 48; Tirmizî, Birr, 42.

"Küçük yaştaki çocuklarına nafaka temin eden ve bu sebeple Allah'ın onları kanaatkâr kılıp ihtiyaçlarını giderdiği kimseden daha büyük sevaba nail olan kim vardır?"[34] buyurdular.

Aileye Yapılan Harcamalar Sadakadır

Hz. Peygamber [sallallahu aleyhi vesellem] şöyle buyurdular:

"Müslümanın çoluk çocuğuna Allah rızası için sarfettiği her şey kendisi için sadakadır."[35]

İnsanın yaptığı her işinde olduğu gibi hayatının önemli bir kısmını oluşturan maişet temini ve bunların sarfedilmesi de niyete bağlı olarak ibadet hükmündedir. Bu da bizler için büyük bir müjdedir.

Güzel Muamele

Ailenin reisi konumunda olan erkek, öncelikle Allah Teâlâ'ya sonra ailesine karşı sorumludur. Bu sorumluluğun birinci şartı güzel geçimdir. Çünkü evlilik müessesesi Allah adına ve O'nun izniyle yapılmaktadır. Nitekim yüce Rabbimiz Nisâ sûresinde *"... Onlarla (kadınlarla) iyi geçinin ..."* (Nisâ 4/19) diye buyurmaktadır. Ailenin kurulmasında ve devamında öncelikli görev ve sorumluluk erkeğe aittir. Eşler arasında haklar ve sorumluluklar karşılıklı olmakla birlikte sorumluluğun çoğunluğu erkeğe yüklenmiştir. Dolayısıyla erkeğin ailesini ve yuvasını korumak için her türlü fedakârlığı göğüslemesi gerekir.

---

34 Tirmizî, Birr ve Sıla, 42.
35 Buhârî, İmân, 41; Müslim, Zekât, 48; Tirmizî, Birr, 42.

Sizin En Hayırlınız

Resûlullah [sallallahu aleyhi vesellem] iman bakımından üstünlüğün ölçüsü olarak ahlâk güzelliğini belirtmiş ve insanların en üstünü için de şöyle buyurmuşlardır:

"Sizin en hayırlınız, eşlerine en hayırlı olanınızdır."[36]

Allah'ın Emaneti

Kadınlara güzel davranma hususunda sevgili Peygamberimiz [sallallahu aleyhi vesellem] bizlere örnek olmuşlar ve bu konu üzerinde ısrarla durmuşlardır. Onun erkekleri ikaz eden hadislerinden biri şudur:

"Kadınlar hususunda Allah'tan korkun. Çünkü siz onları Allah'ın emaneti olarak aldınız."[37]

Müminlere her konuda olduğu gibi aile fertleriyle olan muamelede de en güzel örnek olan Peygamber Efendimiz'dir [sallallahu aleyhi vesellem]. Onun ailesinde şefkat ve merhamet esastı. Hz. Âişe annemizin [radıyallahu anhâ] haber verdiğine göre, "Resûlullah [sallallahu aleyhi vesellem] hizmetçisine, hanımlarından birine veya herhangi bir kimseye vurmamıştır."[38]

Kadına Düşen Görevler:
Evini ve Namusunu Korumak

Erkeklerin dikkat etmesi gerektiği gibi hanımların da hayâ ve iffet sahibi olmaları, namuslarını koruma husu-

---

36 Tirmizî, Radâ', 11; İbn Mâce, Nikâh, 50; Ahmed b. Hanbel, *el-Müsned,* 2/472.
37 Ebû Davud, Menâsik, 56; İbn Mâce, Menâsik, 84; Dârimî, Menâsik, 34.
38 Ebû Davud, Nikâh, 42; İbn Mâce, Nikâh, 51; kocanın hanımına karşı vazifeleri ile ilgili bilgi için bk. İbn Allân, *Delîlü'l-Fâlihîn,* 3/94 vd.

sunda çok hassas davranmaları gerekir. Helâl ve haram sınırını muhafaza etme ve kadınların kocalarına karşı vazifeleri hakkında Hz. Peygamber [sallallahu aleyhi vesellem] şöyle buyurmuşlardır:

"... Sizin kadınların üzerindeki hakkınız; sizden başkasını yataklarına sokmamaları ve hoşlanmadığınız kimseleri evlerinize almamalarıdır ..."[39]

Aile mahremiyetini ve sırlarını korumak erkek ve kadın üzerine vâciptir. Eşlerin aralarındaki mahrem durumları başkalarına anlatmaları dinen câiz olmadığı gibi bu durum aile kurumunun yara almasına, belki de yıkılmasına sebep olabilir.

Eşinin Meşru İsteklerini Yerine Getirmek

Kadın kocasının meşru/dinen sakıncası olmayan dairedeki isteklerini yerine getirmelidir. Ayrıca kocası onu cinsî münasebet için davet ettiğinde bu isteğini karşılamalıdır.

Keyfî olarak eşinin isteğini cevapsız bırakması dinî bakımdan doğru olmaz. Nitekim Resûl-i Ekrem [sallallahu aleyhi vesellem] bu konuda şöyle buyurmuşlardır:

"Hâceti için erkek karısını davet ettiği vakit, kadın ateş başında bile olsa (bırakıp) kocasına gelsin."[40]

Ancak burada hanımları ilgilendirdiği kadar belki daha ziyade erkekleri ilgilendiren önemli bir husus vardır. Eşlerin gerek günlük hayatta gerekse cinsel hayatta temizlik ve öz bakımlarına dikkat göstermeleri gerekir.

---

39 Hadis için bk. Tirmizî, Radâ', 11; İbn Mâce, Nikâh, 3.
40 Tirmizî, Radâ', 10.

Kişi ağzı, vücudu veya elbiseleri kirli veya kötü kokulu bir şekilde hanımına yakın olmamalıdır.

Normal zamanlarda bile güzel söz söylemesi gerekirken eşini üzdükten sonra onu yatağa davet etmesi çok isabetli olmaz. Hanımların psikolojisi dikkate alınmazsa bu konuda sıkıntı oluşabilir.

Cennetlik Kadın

Sevgili Peygamberimiz [sallallahu aleyhi vesellem] kocası kendisinden razı olduğu halde Rabb'ine kavuşan kadınlar hakkında şöyle buyurmuşlardır:

"Kocası kendisinden razı olduğu halde ölen kadın cennete girer."[41]

Burada, kocanın memnun olması veya hanımın beyinin isteklerini yerine getirmedeki ölçüsü dinimizdir. Dinin ölçülerine uymayan istek ve memnuniyetlere itibar edilemez. Ayrıca, kadının üzerine düşen ve elinden geleni yaptıktan sonra kocasının haksız yere razı olmamasının bir önemi yoktur.

Küfrân-ı Nimet Mahrumiyettir

Nimetlerin gerçek sahibi Allah Teâlâ'dır. Aile müessesesi de O'nun nimetlerindendir. Dolayısıyla aile içerisinde kadına ve erkeğe gereken bu yuvanın mutluluğu için elinden geleni yapmasıdır. Özellikle kadının bu yuvanın huzurlu olmasında çok önemli bir rolü vardır. Evde annenin halinden memnun olmaması çocuklar başta

---

41 Tirmizî, Radâ', 10; İbn Mâce, Nikâh, 4.

olmak üzere bütün aileyi etkiler. Bu yüzden olsa gerek sevgili Peygamberimiz [sallallahu aleyhi vesellem] kadının kocasına ve nimetlere karşı nankörlük etmesini cehenneme girmelerinin en önemli sebepleri arasında saymıştır.[42]

KOMŞU HAKLARINA RİAYET

Komşu ev, iş yeri, arazi, köy, şehir ve ülke bakımından yakın olanların birbirlerine göre aldıkları isimdir.

Ailemizden sonra en yakın sosyal çevremizi komşularımız meydana getirir. İyi veya kötü günlerimizde şartlar en yakın çevre ile temas halinde bulunmayı gerektirir. Darlık zamanında yardımlaşma, normal zamanlarda ziyaretleşme, sır sayılabilen halleri gizleme, birbirinin halinden etkilenme, hatta komşunun mülkünü satın almada öncelik hakkına sahip olma (şüf'a) komşulukla ilgili bir dizi hak ve sorumlulukların kaynağını teşkil etmiştir.[43]

Komşu deyiminin kapsamı ile ilgili olarak Hz. Ali [radıyallahu anh] çevrede "sesi işitilenlerin" komşu olduğu görüşündedir. Hz. Âişe de [radıyallahu anhâ] her taraftan kırk evin komşu olduğunu ve bunların komşuluk hakkına sahip bulunduklarını bildirmiştir. Ayrıca, komşu tabiri, hiçbir ayırım yapılmadan, müslüman-kâfir, âbid-fâsık, dost-düşman, yerli-misafir, iyi-kötü, yakın-uzak bütün komşuları içine almaktadır.[44]

---

42 Kadınların en çok cehennemde bulunma sebepleri olarak kocalarına ve nimetlere nankörlük etmeleriyle ilgili hadis için bk. Buhârî, İmân, 21; Müslim, Küsûf, 17; Mâlik, el-Muvatta, Küsûf, 2; kadının kocasına karşı vazifeleri ile ilgili bilgi için bk. İbn Allân, Delîlü'l-Fâlihîn, 3/108 vd.

43 "Komşu", Şamil İslâm Ansiklopedisi, 3/386.

44 Zebîdî, Ebü'l-Abbas Ahmed b. Ahmed, Sahîh-i Buhârî Muhtasarı Tecrîd-i Sarîh Tercemesi ve Şerhi (trc. ve şerh: Kâmil Miras), Ankara: Diyanet İşleri Başkanlığı Yayınları, 1978, 12/130; "Komşu", Şamil İslâm Ansiklopedisi, 3/386.

Yüce Rabbimiz kelâm-ı kadîminde bu hususta şöyle buyurmaktadır: *"Anneye, babaya, akrabaya, yetimlere, yoksullara, yakın komşuya, uzak komşuya, yanınızdaki arkadaşa, yolcuya ve mâliki bulunduğunuz kimselere iyilik edin"* (Nisâ 4/36).

Ev Alma Komşu Al

Toplum hayatında insanın birçok cihetten komşuları bulunmaktadır. Mesken ve iş komşuluğu bunların en önemlilerindendir. Resûlullah [sallallahu aleyhi vesellem] komşu hukukunun önemi hakkında şöyle buyurmuşlardır:

"Cebrâil [aleyhisselâm] bana komşu hakkında o kadar tavsiyelerde bulundu ki komşuyu komşuya mirasçı yapacak zannettim."[45]

Bizden Değildir

Bütün âlemlere rahmet olarak gönderilen sevgili Peygamberimiz [sallallahu aleyhi vesellem] komşuluk hukukuyla ilgili olarak önümüze şu ölçüyü koymuşlardır:

"Komşusu açken tok olarak yatan kimse bizden değildir."[46]

Kişi kendisi yemeklerin en güzelini yerken komşusu yiyecek bir şey bulamayacak durumdaysa bu durum Müslümanlığa yakışmaz.

---

45 Buhârî, Edeb, 28; Müslim, Birr, 140, 141; İbn Mâce, Edeb, 4.
46 Müslim, İmân, 74, Birr ve Sıla, 142; Ahmed b. Hanbel, *el-Müsned,* 1/55.

Yapılan Yemeklerde
Komşuları da Unutmamak Gerekir

Yüce dinimiz İslâm'ın komşu hakkına verdiği önem bilinen bir husustur. Komşuyu her hâlükârda gözetmeyi tavsiye eden dinimiz yapılan yemekte bile komşumuzu unutmamamızı istemektedir. Sevgili Peygamberimiz'in [sallallahu aleyhi vesellem] bu konuyla ilgili ailesine bir tavsiyesi şöyledir:

"Çorba pişirdiğin zaman suyunu çok koy ve komşularını da hesaba kat (onları da gözet)."[47]

Hz. Peygamber'in [sallallahu aleyhi vesellem] komşularımız hakkındaki hatırlatması ne kadar da güzeldir. Kişinin ailesinden sonra en çok hukuk oluşturduğu komşularıyla hemhal olmada bu durum son nokta olsa gerektir.

Mevzumuz olan hadis-i şerifte çorba pişirildiğinde komşuları da hesaba katarak suyunu fazla ilave etmekten bahsedilmektedir. Yemekler içerisinde çorba belki de en kolay ve en ucuz olanıdır. Yaptığımız yemek basit bir çorba da olsa komşulara ikram etmek güzel bir davranıştır. Yemek pişerken öncelikle kokusu yakına yani komşuya gider. Kokusu ulaştığından veya yemeğimizi paylaşmak istediğimizden dolayı pişirdiklerimizden komşularımıza götürmek ne kadar güzeldir.

Komşularımıza çorba veya benzeri çok basit görülen bir şeyle de olsa ikramda bulunmak aradaki bağların ve muhabbetin ziyadeleşmesine sebep olur.

---

47 Müslim, Birr, 142; Tirmizî, Et'ime, 30; İbn Mâce, Et'ime, 58; Ahmed b. Hanbel, *el-Müsned*, 5/149.

Her Pişirdiğimizden Komşularımıza İkram Etmemiz Gerekir mi?

Yaptığımız her yemekten komşularımıza ikram etmemiz şart değildir. Burada önemli olan komşunun sıkıntı içinde olmamasıdır. Misal olarak biz gayet güzel et yemekleri yerken komşumuzun tenceresinde çorba bile kaynamıyorsa bu durumda mesul oluruz.

Burada komşumuz son derece sıkıntı içindeyken bizim zevk ve sefa içinde olmamız müslüman edebine aykırıdır. Herkesin aynı yemeği yemesi mümkün olmayabilir ama en azından komşunun asgari ölçüde de olsa belli bir standartta yaşaması gerekir. Dolayısıyla bu durum yakından başlayıp toplumun genelini ilgilendiren bir sorumluluk halini almaktadır. Bir diğer ifadeyle bir müslüman sıkıntı içinde ise bunun sorumluluğu yakınlarından başlamak üzere derece derece bütün topluma ait olmaktadır.

Komşuların En Hayırlısı

Allah Resûlü komşuluk ve arkadaşlık hususunda ölçüyü çok kesin bir şekilde ortaya koymuşlar ve, *"Allah katında dostların en iyisi arkadaşına, komşuların en iyisi de komşusuna en iyi davrananıdır"*[48] buyurmuşlardır.

Resûl-i Ekrem'den [sallallahu aleyhi vesellem] öğrendiğimize göre komşuların en hayırlısı komşularına en iyi davranan, onlarla en güzel geçinen ve onlara zahmet vermeyendir. Aynı şekilde arkadaşlık ve dostlukta en iyi olan diğerlerine en güzel davranan, ahlâkı en güzel olandır. Bu yüzden biz de komşuların en hayırlılarından

---

48 Buhârî, İmân, 31; Tirmizî, Birr, 28; Ahmed b. Hanbel, *el-Müsned,* 2/168.

olabilmek için çaba göstermeli, komşularımıza iyilik konusunda birbirimizle yarışmalıyız. Ayrıca komşularımıza iyilikte bulunmanın birinci şartının onları rahatsız etmemekten başladığını bu vesileyle hatırlamış olalım.

İyilik ve İkram

Hz. Peygamber [sallallahu aleyhi vesellem] imanın en önemli iki esasını ön plana çıkararak şöyle buyurmuşlardır: *"Allah'a ve ahiret gününe iman eden komşusuna iyilik etsin."*[49]

Sevgili Peygamberimiz [sallallahu aleyhi vesellem] ayrıca, *"Allah'a ve ahiret gününe iman eden kimse komşusuna ikramda bulunsun"*[50] buyurmuşlardır.

Müminlerin en bariz özelliklerinden biri tevhid yani Allah'ı birleme, diğeri de ahirete imandır. Allah'a ve ahiret gününe inanmayan bir kişi yaptıklarının karşılıklarını sadece bu dünyada arayacağı için davranışları da ona göre şekillenir. Misal olarak böyle bir anlayışa sahip olan kişi işlediği fiillerin karşılığında göreceği mükâfat veya cezaya göre davranır. Kısaca bu kişinin tek ölçüsü menfaatidir, denebilir.

Müslüman ise yaptıklarının bu dünyada somut olarak bir karşılığını görmese de ahirette muhakkak sevap veya günah olarak karşısına çıkacağını bilir. Bu yüzden gündelik işlerinde yahut hadisimizin konusu olan komşuluk meselesinde tek ölçüsü Cenâb-ı Allah'ın rızasıdır.

---

49 Buhârî, Edeb, 31; Müslim, İmân, 74; İbn Mâce, Edeb, 4; Dârimî, Et'ime, 11.
50 Buhârî, Edeb, 31; Müslim, İmân, 74; İbn Mâce, Edeb, 4.

Mümin komşusu hakkında sürekli olarak iyilik düşünür ve ona ikram etmenin yollarını araştırır. Komşuya ikram etmek iyilik çeşitlerinden biridir. Bunları yaparken komşusunun bilmesine veya görmesine itibar etmez. O sadece her şeyin sahibi ve her şeyden haberdar olan Rabbü'l-âlemîn'in gözetiminde olduğu bilinciyle hareket eder.

Komşuluk Hukukunda Sıra

Hz. Âişe'den [radıyallahu anhâ] şöyle dediği rivayet edilmiştir: "Resûlullah'a [sallallahu aleyhi vesellem] dedim ki:

- Yâ Resûlallah! Benim iki komşum var. Hediyeyi hangisine vereyim?

- *Sana kapısı en yakın olana ver,* buyurdular."[51]

Mümin Olmanın Ölçüsü

Resûl-i Ekrem [sallallahu aleyhi vesellem] komşularının şerrinden emin olamadığı kimseler hakkında şöyle buyurmuştur: *"Şerrinden komşusunun güvende olmadığı kimse (gerçek) mümin olamaz."*[52]

Yukarıdaki hadise dikkat edilirse, komşuya eziyet vermek, imanı zedeleyen unsurlar arasında zikredilmiştir. "Mümin", kelime anlamından da anlaşılacağı gibi etrafına güven verir. Dolayısıyla bu vasfın kaybolması imanı zedeler. Her ne kadar hadisteki "iman", kâmil iman şeklinde anlaşılsa bile, yine de bu vasfı taşımayanlar için tehlike arzetmektedir.

---

51 Buhârî, Edeb, 32.
52 Buhârî, Edeb, 29; Müslim, İmân, 73; Tirmizî, Kıyâmet, 60; Ahmed b. Hanbel, *el-Müsned,* 1/387; 2/288, 336, 373; 3/154.

Komşunu Rahatsız Etme!

Ebû Hüreyre'den [radıyallahu anh] rivayet edildiğine göre Resûlullah [sallallahu aleyhi vesellem] şöyle buyurdu:

"Allah'a ve ahiret gününe iman eden kimse komşusunu rahatsız etmesin. Allah'a ve ahiret gününe iman eden kimse misafirine ikram etsin. Allah'a ve ahiret gününe iman eden kimse ya faydalı söz söylesin veya sussun!"[53]

Komşuluk Hukuku

Âyet ve hadislerde komşulara iyilik yapmaya dair pek çok tavsiye vardır. Komşulara yapılacak iyilik ve ikramla ilgili sevgili Peygamberimiz'den [sallallahu aleyhi vesellem] nakledilenlerin bir kısmını maddeler halinde sayacak olursak:

- *Borç veya ödünç bir şey isteyince vermek.*

- *Yardım isteyince yardımına koşmak.*

- *Hastalanınca ziyaret etmek.*

- *Maddi sıkıntıya düşünce gözetip kollamak.*

- *Mutlu günlerinde sevincine, kederli günlerinde üzüntüsüne ortak olmak.*

- *Ölünce kabre götürüp defnetmek.*

- *İzni olmadan evinin bitişiğine rüzgârını kesecek şekilde bina yapmamak.*

- *Kokusu komşunun evine gidecek bir yemek yapınca ona da bir miktar göndermek.*

---

53   Buhârî, Edeb, 31, 85, Rikâk, 23; Müslim, İmân, 74, 75.

- Meyve alınca komşuya da hediye etmek, hediye etmeyecekse onu komşuya göstermemek, çocuğunun da o meyveyi dışarıda yiyerek komşu çocuğuna göstermesine meydan vermemek."[54]

MÜSLÜMAN KARDEŞLERİYLE İLGİLENMEK

Müslümanlar Kardeştir

Yüce Rabbimiz Kur'ân-ı Kerîm'de bütün müminlerin kardeş olduklarını ilan etmiş,[55] Hz. Peygamber de [sallallahu aleyhi vesellem] bu husus üzerinde önemle durmuş ve şöyle buyurmuştur:

"Müslüman, müslümanın kardeşidir, ona hıyanet etmez, yalan söylemez ve onu sahipsiz bırakmaz."[56]

Müslüman Dokunulmazdır

Allah Teâlâ mahlûkat içerisinde en şerefli olarak insanı yaratmış ve ona diğer canlılarda olmayan pek çok meziyet vermiştir. İnsana en büyük nimet olarak da akıl ve iman nimetini vermiştir. Resûl-i Ekrem de [sallallahu aleyhi vesellem] mümin bir kulun Allah katında her şeyden daha kıymetli olduğunu belirterek şöyle buyurmuştur:

---

54 bk. İbn Hacer el-Askalânî, *Fethu'l-Bârî bi-Şerhi Sahîhi'l-Buhârî* (nşr. Muhammed Fuad Abdülbâki-Muhibbüddin el-Hatîb) Kahire: Dârü'r-Reyyân li't-Türâs, 1407/1987, 10/460 (Edeb, nr. 31); Ali el-Kârî, *Mirkâtü'l-Mefâtîh Şerhi Mişkâti'l-Mesâbîh* (nşr. Muhammed Nâsırüddin el-Elbânî), [baskı yeri ve tarihi yok], Dârü İhyâi't-Türâs, 4/391; Nevevî, *Riyâzü's-Sâlihîn, Peygamberimizden Hayat Ölçüleri* (trc. M. Yaşar Kandemir - İsmail Lütfi Çakan - Raşit Küçük), İstanbul: Erkam Yayınları, 2004, 2/403-404.

55 bk. Hucurât 49/10.

56 Buhârî, Mezâlim, 3; Müslim, Birr ve Sıla, 32; Tirmizî, Birr ve Sıla, 18.

"... Müslümanın her şeyi; ırzı, malı ve kanı müslümana haramdır (yani dokunulmazdır) ..."[57]

Hiç Kimseye Hor Bakma

İnsanın yaptığı ameller çeşitlidir. Amellerin bir kısmı sadece kalple olur. İnsan, kalbî fiiliyle sevap ya da günah kazanabilir. Kalple yapılan günahlardan biri de insanları küçük görmektir. Sevgili Peygamberimiz [sallallahu aleyhi vesellem] asıl üstünlüğün ne olduğunu belirtmek ve müminleri küçük görmenin tehlikesine dikkat çekmek için şöyle buyurmuşlardır:

"... Takva işte buradadır (kalptedir). Bir kişiye müslüman kardeşini hakir görmesi günah olarak yeter."[58]

Kâmil İmanın Alameti

Resûlullah [sallallahu aleyhi vesellem] gerçek imana ulaşmak için şu ölçüyü koymuştur:

"Kişi kendi (nefsi) için istediğini kardeşi için de istemedikçe (tam) mümin olamaz."[59]

Kardeşini Allah İçin Sev

Resûl-i Ekrem [sallallahu aleyhi vesellem] imanın tadını bulmak için şu üç özelliği şart koşmuştur:

"Kendisinde şu üç şey bulunan kimse onlar sayesinde imanın lezzetini bulur: Kişinin, Allah ve Resûlü'nü her şeyden daha çok sevmesi, sevdiği kimseyi sadece

---

57 Buhârî, Mezâlim, 3; Müslim, Birr ve Sıla, 32; Tirmizî, Birr ve Sıla, 18.
58 Buhârî, Mezâlim, 3; Müslim, Birr ve Sıla, 32; Tirmizî, Birr ve Sıla, 18.
59 Buhârî, İmân, 7; Müslim, İmân, 71, 72.

Allah için sevmesi, Allah kendisini küfürden kurtardıktan sonra, tekrar küfre dönmeyi ateşe atılmak kadar kötü görmesi."[60]

Müslümanlar Bir Beden

Resûlullah [sallallahu aleyhi vesellem] müslümanların birlik ve dirlik olmalarını, birbirlerini sevmelerini şu muhteşem misalle anlatmıştır:

"Müminler birbirlerini sevmek, birbirlerine acımak ve şefkat etmek hususunda bir vücut gibidir. Nasıl ki vücudun bir uzvu rahatsızlandığında diğer organlar da uykusuzluk ve ateş içinde onun acısını paylaşırsa (müslümanlar da birbirlerinin sıkıntılarını paylaşırlar)." [61]

Yukarıdaki hadisten öğrendiğimize göre nasıl ki organlarımız diğer organlarımızın rahatsızlığına kayıtsız kalamıyorlarsa bizim de müslümanların dertlerine kayıtsız kalmamız düşünülemez.

Arşın Gölgesinde

Sevgili Peygamberimiz [sallallahu aleyhi vesellem] Allah için birbirlerini sevenlerin kıyamet günü hiçbir gölgenin bulunmadığı günde arşın gölgesinde barınacaklarını haber vermektedir.[62] Bu büyük müjde, başka bir menfaat gözetmeksizin sadece Allah rızası için mümin kardeşini sevenler içindir.

---

60 Buhârî, İmân, 14; Müslim, İmân, 67.
61 Buhârî, Edeb, 27; Müslim, Birr ve Sıla, 66.
62 Buhârî, Ezân, 36, Zekât, 16; Müslim, Birr ve Sıla, 38, Zekât, 91; Tirmizî, Zühd, 35.

Kardeşlik Hukuku

Resûl-i Ekrem Efendimiz [sallallahu aleyhi vesellem] bir müslümanın müslüman kardeşi üzerinde beş hakkı bulunduğunu bildirmiştir. Bunlar,

- *"Selâmını almak.*

- *Hasta iken ziyaret etmek.*

- *Cenazesine katılmak.*

- *Davetine icabet etmek.*

- *Aksırdığında 'yerhamükellah' (Allah sana merhamet etsin) diye dua etmektir."*[63]

Resûlullah'ın [sallallahu aleyhi vesellem] saydığı bu beş maddeye göz attığımız zaman bunların sosyal hayatın içinde cereyan eden en önemli unsurlar olduğunu görmekteyiz. Bu şekilde yaşanan bir hayatta insanlar birbirinden haberdar olur, her birimiz bir diğerinin haliyle hemhal olur.

Dargın Durma Süresi

Resûlullah [sallallahu aleyhi vesellem] bir müslümanın kardeşini üç günden fazla terketmesinin, onunla konuşmamasının helâl olmadığını belirtmiştir.[64] İki müslüman arasında nasıl bir anlaşmazlık olursa olsun hiçbir mazeret üç günden fazla küs durmayı meşru kılmamaktadır.

---

63 Buhârî, Cenâiz, 2; Ebû Davud, Et'ime, 1. Bazı rivayetlerde müslümanın hakları olarak altı madde sıralanmıştır. Diğer hadiste sayılmayan altıncı madde kardeşin nasihat istediği zaman ona nasihat etmektir (hadis için bk. Müslim, Selâm, 5).

64 Buhârî, Edeb, 57, 62; Müslim, Birr ve Sıla, 23-25.

Kişi Neyi Kınarsa ...

Sevgili Peygamberimiz'in hadislerinden öğrendiğimize göre Allah Teâlâ müslümana çok kıymet vermekte ve onun can, mal ve namusunu dokunulmaz kılmaktadır. Dolayısıyla bir müminle alay etmek de Allah'ın hoş görmediği davranışlardandır. Hatta Resûl-i Ekrem Efendimiz [sallallahu aleyhi vesellem],

"Müslüman kardeşini bir suçundan dolayı ayıplayan kimse, o suçu (günahı) kendisi işlemedikçe ölmez"[65] buyurmuştur. Dolayısıyla hiç kimseyi yaptığı davranışından dolayı ayıplamamalıdır. Müslümana yaraşan yapılan günaha kızıp, günahkâra dua etmektir. Ayrıca müminin, kardeşini o günahtan kurtarmak için çabalaması gerekir.

Ahiretteki Sıkıntının Giderilmesi

Resûlullah Efendimiz [sallallahu aleyhi vesellem] bir müslümanın dünyevî bir sıkıntısını gideren kimseden Allah Teâlâ'nın ahiret sıkıntılarından birini gidereceğini haber vermiştir.[66] Müminin bir işini gören, onu bir sıkıntıdan kurtaran kişi, karşılığında ahiret sıkıntılarının giderilmesini bulur. Dünyevî sıkıntılar geçicidir. Ahiret sıkıntıları ise ebedîdir. Dolayısıyla kârlı bir alışveriş yapmak isteyen kimse müslümanlara hizmet ederek ahiret sıkıntılarını hafifletebilir veya giderebilir.

Kolaylık Görmek İsteyen Kolaylık Göstersin

Sevgili Peygamberimiz [sallallahu aleyhi vesellem], sıkıntı içinde olan birine kolaylık gösteren kimseye Cenâb-ı Hakk'ın dünya ve ahirette kolaylık sağlayacağını belirt-

---

65 Tirmizî, Kıyâmet, 53.
66 Müslim, Zikir ve Dua, 38.

miştir.[67] Mesela, alacaklı olup da müslümana ödemesinde kolaylık sağlayan kimseye Hak Teâlâ dünya ve ahiret işlerinde kolaylık sağlayacaktır.

Kusurları Örtmede Gece Gibi Ol!

Hiç kimse kusurlarının bilinmesini, ortaya çıkmasını istemez. Peygamberimiz [sallallahu aleyhi vesellem] kusurların ortaya çıkmamasını şu şarta bağlamıştır:

"Kim bir müslümanın kusurunu örterse, Allah onun dünyada da ahirette de kusurunu örter."[68]

Bunun tam tersi de söz konusudur. Bir müminin ayıbını araştıran kişiyi Allah Teâlâ rezil eder ve o kişinin ayıbını ortaya çıkarır.

Yardım Et, Yardım Gör

Resûl-i Ekrem [sallallahu aleyhi vesellem] Allah Teâlâ'nın yardımını görmek isteyenlere şu formülü öğretmiştir:

"Kul, kardeşinin yardımında olduğu müddetçe Allah da onun yardımındadır."[69] Kişi kardeşine yardım ettiği, ona hizmet ettiği sürece Cenâb-ı Hakk'ın yardımı onunla beraberdir.

Müslümana Kötü Söz Söylemek Fâsıklıktır

Müslümanın hürmetinin/dokunulmazlığının her şeyin üzerinde olduğunu bize bildiren Peygamber Efendimiz [sallallahu aleyhi vesellem] müslümana kötü söz söyleme hakkında şöyle buyurmuşlardır:

---

67 Müslim, Zikir ve Dua, 38.
68 Buhârî, Mezâlim, 3; Müslim, Zikir ve Dua, 38.
69 Müslim, Zikir ve Dua, 38.

"Müslümana sövmek fâsıklıktır. Onunla (öldürmek üzere) çarpışmak ise küfürdür."[70]

Müslümanlara haksız yere kötü söz söylemek, onları rencide etmek ve küfretmek fâsıklık olarak nitelendirilmiştir. Fâsıklık hak yoldan sapmak demektir. Bir müslümanı haksız yere öldürmek büyük günahların en büyüklerindendir. Aynı şekilde müslümanın kanını dökmeyi mubah görmek küfür olarak değerlendirilmiştir. Özetle söylemek gerekirse müslümana kötü söz söylemek, sövmek hak yoldan sapan fâsıkların, müslümanların kanını dökmeyi helâl görmek de küfür ehlinin vasıflarıdır.

YETİMLERİ GÖZETMEK

Yetimlerle İlgilenmek

Babasını veya annesini yahut her ikisini birden kaybetmiş kimselerle ilgilenmek dinimizin öncelik verdiği hususlardandır. Nitekim yetimlerle ilgili birçok âyet[71] ve hadisin olması da bu hukukun önemini açıkça ortaya koymaktadır. Sevgili Peygamberimiz [sallallahu aleyhi vesellem] ashabıyla yaptığı sohbetlerde yetimlerle ilgilenmenin sonucu olarak bizlere şu müjdeleri iletmişlerdir:

"Her kim müslümanlar arasında bir yetimi tutar götürür yiyecek ve içeceğine onu ortak ederse Allah onu mutlaka cennete koyacaktır. Ancak affedilmeyecek bir günah işlenmişse o başka."[72]

---

70   Müslim, İmân, 116; müslümanın Allah katındaki değeriyle ilgili geniş bilgi için bk. İbn Allân, *Delîlü'l-Fâlihîn*, 3/5 vd.

71   Âyetler için bk. En'âm 6/152; Mâûn 107/2; Duhâ 93/9.

72   Tirmizî, Birr ve Sıla, 14.

"... Ben ve yetimin bakıcısı, cennette şu iki parmağım gibi yan yana olacak (Peygamberimiz bu esnada işaret ve orta parmağını gösteriyordu)."[73]

En Hayırlı Ev

Mekânlar, içinde bulundurdukları şeylerden dolayı kıymet kazanırlar. Hz. Peygamber [sallallahu aleyhi vesellem] kendilerinde barınılan meskenlerin üstünlüğü hakkında şu ölçüyü koymuştur:

"Müslümanlar hakkında evlerin en hayırlısı, içinde kendisine iyi bakılan bir yetimin bulunduğu evdir. Müslümanlar hakkında evlerin en kötüsü, içinde kendisine fenalık edilen bir yetimin bulunduğu evdir."[74]

YAŞLILARI GÖZETMEK

Onlara Saygı Allah Teâlâ'ya Saygıdandır

Dinimiz anne babaya, büyüklere, âlim ve salihlere saygı duymayı, onlara hürmet etmeyi tavsiye eder. Zira Peygamber Efendimiz [sallallahu aleyhi vesellem] yaşı ilerlemiş kimselere hürmet göstermek anlamında şöyle buyurmuşlardır:

"Yaşı ilerlemiş müslümana saygı göstermek/ikram etmek Allah'a tâzimdendir."[75]

Bizden Değildir!

Sevgili Peygamberimiz [sallallahu aleyhi vesellem] yaşlılara hürmet göstermemeyi açıkça kınayarak şöyle buyurdular:

---

73 Buhârî, *el-Edebü'l-Müfred*, nr. 133.
74 Buhârî, *el-Edebü'l-Müfred*, nr. 137.
75 Ebû Davud, Edeb, 20.

"Küçüğümüze şefkat, büyüğümüze hürmet göster-meyen bizden değildir."[76] Hadisten açıkça anlaşılacağı gibi yaşlılara saygısızlık müslüman ahlâkına yakışmaz.

Hizmet Eken Hürmet Biçer

Âlemlere rahmet olarak gönderilen Resûl-i Ekrem [sallallahu aleyhi vesellem] yaşlılara hürmet göstermekle ilgili olarak şöyle buyurmuşlardır:

"İhtiyarlara yaşından dolayı hürmet gösteren kişiye, Allah yaşlandığında ona ikram edecek kimseleri yaratır."[77]

İNSANLARA İYİ DAVRANMAK

Müslümandan Kimseye Zarar Gelmez

Sevgili Peygamberimiz [sallallahu aleyhi vesellem] müslümanın hiç kimseye rahatsızlık vermeyeceği ve ondan herkesin emniyette olacağıyla ilgili olarak şöyle buyurmuştur:

"Müslüman, müslümanların elinden ve dilinden emniyette olduğu (zarar görmediği) kimsedir."[78]

Er Kişinin Kârı

Hz. Peygamber [sallallahu aleyhi vesellem] bir müslümanın şahsiyetinin nasıl olması gerektiği ile ilgili olarak şöyle buyurmuşlardır:

---

76 Tirmizî, Birr, 15.
77 Tirmizî, Birr, 75.
78 Buhârî, İmân, 4, 5; Müslim, İmân, 64.

"İnsanlar iyilik yaparlarsa biz de iyilik yaparız, kötülük yaparlarsa biz de öyle yaparız, diyen şahsiyetsiz kimselerden olmayın. Aksine insanlar iyilik yaparlarsa iyilik yapmak, şayet kötülük yaparlarsa kötülük yapmamak suretiyle sağlam karakterli olunuz (nefsinizi buna alıştırınız)."[79]

İyilik Güzel Ahlâktır

Resûlullah [sallallahu aleyhi vesellem] bir hadislerinde iyilik ve günahın ne olduğu hakkında bizi bilgilendirerek şöyle buyurmuşlardır:

"İyilik ahlâk güzelliğidir, günah ise kalbini tırmalayan ve insanların bilmesini istemediğin şeydir."[80]

Yukarıdaki hadiste Resûl-i Ekrem [sallallahu aleyhi vesellem] sevap ve günah hakkında genel bir ölçü vermişlerdir. Prensip olarak güzel ahlâka dair olanlar iyi, insanın yapmaktan rahatsızlık duyduğu ve başkalarının bilmesini istemediği şeyler kötüdür.

Allah Şefkatle Davrananları Sever

Resûlullah'tan [sallallahu aleyhi vesellem] öğrendiğimize göre Allah Teâlâ'nın sıfatlarından biri refiktir. Refik, kullarına şefkatle, merhametle muamele eden demektir. Allah [celle celâluhû] kendisi refik olduğu gibi kullarından da yaptıkları bütün işlerinde şefkatle davranmalarını istemektedir. Bu şekilde davranmak Hak Teâlâ'nın hoşuna gitmektedir. Nitekim Hz. Peygamber'in [sallallahu aleyhi vesellem] Âişe annemize [radıyallahu anhâ] tavsiyesi şöyledir:

79 Tirmizî, Birr ve Sıla, 63.
80 Müslim, Birr ve Sıla, 14, 15; Tirmizî, Zühd, 52; Dârimî, Rikâk, 23.

"Şüphesiz Allah refiktir; her işte yumuşaklıkla muamele edilmesini sever. Şiddet karşılığında vermediğini yumuşaklık karşılığında verir." [81]

Güzel Huylu Kimseler Cehennemden Uzaktır

Resûl-i Ekrem [sallallahu aleyhi vesellem] insanlarla iyi geçinen huyu güzel kimselerin üstünlüğü hakkında şöyle buyurdu:

"Cehenneme kimin uzak olduğunu veya ateşin kime haram olduğunu size haber vereyim mi? Cana yakın, geçimli, yumuşak huylu, (işlerde) kolaylık gösteren kimselere ateş haramdır." [82]

İnsanlara Teşekkür Etmek

Hz. Peygamber [sallallahu aleyhi vesellem] Allah'a teşekkür etmenin ölçüsü olarak insanlara teşekkürü ön şart olarak görmüş ve şöyle buyurmuştur:

"İnsanlara teşekkür etmeyen Allah'a şükretmiş olmaz." [83]

Yoldaki Eziyet Veren Şeyleri Kaldırmak

Hz. Peygamber [sallallahu aleyhi vesellem] imanı tarif etmiş ve şöyle buyurmuştur:

---

81   Hadis için bk. Müslim, Birr ve Sıla, 77; benzer bir hadis için bk. Buhârî, İstitâbe, 4; Müslim, Selâm, 10; Ebû Davud, Edeb, 11.
82   Tirmizî, Kıyâmet, 45; Ahmed b. Hanbel, *el-Müsned*, 1/ 415.
83   Ebû Davud, Edeb, 11; Tirmizî, Birr ve Sıla, 35.

"İmanın yetmiş veya altmış küsur şubesi vardır. O şubelerin en faziletlisi 'lâ ilâhe illallah' sözüdür. En aşağısı da yoldan gelip geçenlere eziyet verecek şeyleri gidermektir. Hayâ da imanın bir şubesidir."[84]

Hadiste ifade edildiğine göre insanlara eziyet verecek şeyleri gidermek imandan bir şubedir. Hadisin mefhum-i muhalifini düşünürsek insanlara eziyet vermek olgun bir mümine yakışmaz.

İnsanlara Hizmet Etmek

Hz. Peygamber zaman zaman ashabıyla sohbet eder, onların hatırlarını sorardı. Yine bir gün ashabıyla sohbeti esnasında Resûlullah [sallallahu aleyhi vesellem] onlara şu kıssayı anlattılar:

"Bir adam yolda yürürken bir dikene rastladı ve onu (insanları rahatsız etmemesi için) kenara çekti. Allah, o kişiden (bu hareketinden dolayı) memnun olup onu affetti."[85]

Güzel Söz ve Güler Yüz Sadakadır

Yaptığımız her bir hareketin dinimizde bir karşılığı vardır. Bu yüzden insanlara güler yüz göstermek veya tatlı dille konuşmak dahi sadaka olarak görülmüştür. Nitekim aşağıdaki hadislerde bu durum açıkça ifade edilmiştir. Hz. Peygamber [sallallahu aleyhi vesellem] şöyle buyurdular:

"Güzel söz sadakadır."[86]

---

84 Buhârî, İmân, 3; Müslim, İmân, 57, 58; Nesâî, İmân, 16.
85 Buhârî, Ezân, 32; Müslim, Birr ve Sıla, 127; Tirmizî, Birr ve Sıla, 38.
86 Buhârî, Cihâd, 128, Edeb, 34; Müslim, Zekât, 56; Ahmed b. Hanbel, *el-Müsned*, 2/316, 374.

"Din kardeşinin yüzüne gülümsemen senin için (bir) sadakadır."[87]

Yol Tarif Etmek

Yaptığımız her bir fiili, her bir ameli dikkate alan dinimiz, insanlara yol tarif etmeyi bile ibadet olarak görmüş ve bu davranışı sadaka olarak değerlendirmiştir.[88]

Kolaylaştırmak

Bilindiği gibi sevgili Peygamberimiz [sallallahu aleyhi vesellem] bütün işlerde helâl olmak şartıyla kolaylığı esas almış ve bunu tavsiye etmiştir.[89] Keyfî yere insanlara zorluk çıkarılmasına müsaade etmemiştir. Hayatımızın tamamında uygulayabileceğimiz şu esası bize bildirmiştir:

"Kolaylaştırın, zorlaştırmayın; müjdeleyin, nefret ettirmeyin."[90]

BAŞKALARINA MERHAMET GÖSTERMEK

Acımayana Acınmaz

Hz. Peygamber [sallallahu aleyhi vesellem], Mevlâ'nın yarattıklarına merhamet göstermeyenin merhamet bulamayacağını belirtmişlerdir. [91]

---

87   Tirmizî, Birr ve Sıla, 36.
88   Hadis için bk. Tirmizî, Birr ve Sıla, 36.
89   İlgili hadis için bk. Buhârî, Menâkıb, 23, Edeb, 80; Müslim, Fezâil, 77, 78; Ebû Davud, Edeb, 4.
90   Buhârî, İlim, 11; Müslim, Cihâd, 5; Ebû Davud, Edeb, 17.
91   Hadis için bk. Buhârî, Edeb, 18; Müslim, Fezâil, 65; Ebû Davud, Edeb, 145.

Hadis âlimi İmam Tirmizî'nin naklettiği hadise göre Resûlullah [sallallahu aleyhi vesellem] şöyle buyurmuşlardır:

"İnsanlara merhamet etmeyen kimseye Allah merhamet etmez."[92]

MÜTEVAZİ OLMAK

Tevazu Allah'ın Emridir

İmam Müslim ve diğer hadis imamlarının ittifakla naklettikleri bir hadis-i şerifte Resûl-i Ekrem [sallallahu aleyhi vesellem] şöyle buyurmuşlardır:

"Şüphesiz ki Allah bana sizin mütevazi olmanızı, birinizin diğerine karşı övünmemesini ve zulmedip de haddi aşmamasını vahyetti."[93]

Mütevazi Olanı Allah Yüceltir

Resûlullah [sallallahu aleyhi vesellem] başkalarına tevazu göstermenin üstünlüğü hakkında şöyle buyurdular:

"... Allah kendisi için tevazu göstereni mutlaka yüceltir ..."[94] Bu hadisten anladığımıza göre yükselmenin ve yücelmenin şartı tevazu göstermektir.

İYİLİĞİ EMRETMEK

İyiliği Emretmek Sadakadır

Rahmet Peygamberi [sallallahu aleyhi vesellem] insanlara doğru yolu gösterip, iyiliği emretmenin sadaka olduğunu belirtmişlerdir.[95]

---

92   Tirmizî, Birr ve Sıla, 16.
93   Müslim, Cennet, 64; Ebû Davud, Edeb, 40; İbn Mâce, Zühd, 16.
94   Müslim, Birr ve Sıla, 69; Tirmizî, Birr ve Sıla, 82.
95   Hadis için bk. Tirmizî, Birr ve Sıla, 36.

İyi Bir Çığır Açmak

Yapılan her bir amelin muhakkak karşılığı vardır. Yapılanlar güzel ise sevabı, değilse vebali vardır. Aynı şekilde yapılan bu iş daha sonra bir uygulama halini alırsa bu daha da önem arzeder. Nitekim Resûlullah [sallallahu aleyhi vesellem] şöyle buyurmuşlardır:

"Bir kimse İslâm'da güzel bir çığır açar da kendisinden sonra onunla amel edilirse, o kimseye bu çığırla amel edenlerin ecri kadar sevap yazılır. Amel edenlerin ecirlerinde de bir şey eksilmez. Her kim İslâm'da kötü bir çığır açar da kendinden sonra onunla amel olunursa, o kimsenin aleyhine bu çığırla amel edenlerin günahı kadar günah yazılır. Amel edenlerin günahlarından da bir şey eksilmez."[96]

KÖTÜLÜĞE ENGEL OLMAK

Zarar Veren Zarar Görür

Hz. Peygamber [sallallahu aleyhi vesellem] insanlara sıkıntı verenleri uyararak şöyle buyurmuşlardır:

"(Bir müslümana) zarar vereni Allah da zarara uğratır, sıkıntı verene de Allah meşakkat verir."[97]

Kötülüğe Karşı Duyarlı Olmak

Resûl-i Ekrem [sallallahu aleyhi vesellem] bir müslümanın kötülükle karşılaştığı zaman ne yapacağı ile ilgili olarak şöyle buyurmuştur:

---

96 Müslim, İlim, 15; Nesâî, Zekât, 64; Ahmed b. Hanbel, *el-Müsned*, 4/357. Yukarıdaki hadiste, aynı zamanda bilime ve araştırmaya teşvik vardır. İnsanların faydalanacağı yeni bir teknik, alet, kolaylık vb. bulan kimse kendisinden sonra ondan istifade edenlerden dolayı da sevap kazanır.

97 Tirmizî, Birr ve Sıla, 27.

"Sizden her kim bir kötülük yapıldığını görürse onu eliyle değiştirsin. Şayet buna gücü yetmiyorsa diliyle mani olsun. Buna da gücü yetmiyorsa kalbiyle buğzetsin. Bu ise imanın en zayıf derecesidir."[98]

Hadis âlimleri hadiste geçen kötülüğü el ile değiştirmeyi, devlet otoritesi; dil ile değiştirmeyi, tebliğ ve bunu yapacakları da ilim ehli; kalben kızmayı, yapılan kötülüğü tasvip etmemek, onaylamamak şeklinde anlamışlardır. Hadisin genel anlamı böyle olmakla birlikte herkesin, sorumlu olduğu kimseleri usulüne uygun bir şekilde uyarması gerekir.

Kötülükten Sakındırmak

Resûl-i Ekrem'den [sallallahu aleyhi vesellem] öğrendiğimize göre insanlara doğru yolu gösterip, onları kötülükten sakındırmak mümin için bir vazife olduğu gibi bu davranış aynı zamanda onun için bir sadakadır.[99]

HAYVANLARA EZİYET ETMEMEK

Cennete Girmeye Engel

Mahlûkata şefkat gösterme konusunda "yaratılanı hoş gör yaratandan ötürü" düsturu çok yerindedir. Mevlâ'nın yarattığı herhangi bir canlıya keyfî olarak zarar vermek müslümana yaraşır bir hareket değildir. Sevgili Peygamberimiz'in [sallallahu aleyhi vesellem] önceki ümmetlerden bahisle anlattığı bir kıssa bu hususta çok manidardır:

---

98 Buhârî, İlim, 28; Müslim, İmân, 78, Rü'yâ, 2-6; Nesâî, İmân, 17.
99 Hadis için bk. Tirmizî, Birr ve Sıla, 36.

"Bir kadın bir kediyi ölünceye kadar hapsetmesinden dolayı azap gördü ve cehenneme girdi. Onu hapsettiğinde hiçbir şey yedirmemiş ve içirmemişti. Hatta (yerin) haşeratından bile yemesine müsaade etmemişti."[100]

Hayvanlara İşkence Eden Mel'undur

Resûlullah [sallallahu aleyhi vesellem] hayvanlara işkence ve azap edenler hakkında lânet okumuştur. Nitekim İbn Ömer'den [radıyallahu anh] nakledildiğine göre:

"Nebî hayvana işkence ve azap ederek öldürenlere lânet etti."[101]

---

100 Buhârî, Enbiyâ, 54; Müslim, Birr ve Sıla, 33, 134; Nesâî, Küsûf, 14.
101 Buhârî, Zebâih, 25; Nesâî, Dahâyâ, 41; Dârimî, Edâhî, 13.

İKİNCİ BÖLÜM

GÜNLÜK YAŞANTIMIZDA SÜNNET

SABAH ve AKŞAM OKUNACAK DUALAR

Abdullah b. Mesud'dan [radıyallahu anh] nakledildiğine göre Hz. Peygamber [sallallahu aleyhi vesellem] akşama ulaştığında ve sabaha çıktığında aşağıdaki duayı okurlardı.

اَمْسَيْنَا وَاَمْسَى الْمُلْكُ لِلّٰهِ وَالْحَمْدُ لِلّٰهِ وَلَا اِلٰهَ اِلَّا اللّٰهُ وَحْدَهُ لَا شَرِيكَ لَهُ لَهُ الْمُلْكُ وَلَهُ الْحَمْدُ وَهُوَ عَلٰى كُلِّ شَىْءٍ قَدِيرٌ رَبِّ اَسْاَلُكَ خَيْرَ مَا فِى هٰذِهِ اللَّيْلَةِ وَخَيْرَ مَا بَعْدَهَا وَاَعُوذُ بِكَ مِنْ شَرِّ هٰذِهِ اللَّيْلَةِ وَشَرِّ مَا بَعْدَهَا رَبِّ اَعُوذُ بِكَ مِنَ الْكَسَلِ وَسُوءِ الْكِبَرِ رَبِّ اَعُوذُ بِكَ مِنْ عَذَابٍ فِى النَّارِ وَعَذَابٍ فِى الْقَبْرِ. وَاِذَا اَصْبَحَ قَالَ ذٰلِكَ اَيْضًا: اَصْبَحْنَا وَاَصْبَحَ الْمُلْكُ لِلّٰهِ وَالْحَمْدُ لِلّٰهِ...

"Biz de mülk (kâinattaki her şey) de Allah sayesinde geceye ulaştı. Eksiksiz tüm övgüler o Allah'a mahsustur. O'ndan başka ilâh yok sadece tek olarak O var, O'nun ortağı da yoktur ... Kâinat tümüyle O'nundur. Her türlü eksiksiz övgüler O'na aittir. O'nun her şeye gücü yeter. Ey Allahım! Senden bu gece ve sonraki gecelerin hayrını dilerim. Bu gece ve sonraki gecelerin şerrinden de sana sığınırım. Tembellikten ve ihtiyarlığın bunaklığından, cehennem ve kabir azabından da sana sığınırım." Nebî sabaha çıktığında da aynen bu duayı okurdu: *"Biz ve tüm kâinat, Allah'ın sayesinde sabaha ulaştık, eksiksiz övgüler Allah'adır ..."*[102]

Resûlullah'ın [s.a.v] Uykudan Uyanınca Okumayı Tavsiye Ettiği Dua

اَلْحَمْدُ لِلّٰهِ الَّذِى اَحْيَانَا بَعْدَ مَا اَمَاتَنَا وَاِلَيْهِ النُّشُورُ

"Ruhumuzu aldıktan (bizi öldürdükten sonra) bizi dirilten Allah'a hamdolsun. Ve dönüş O'nadır."[103]

Evden Çıkarken Okunacak Dualar

"Her kim evinden çıktığında,

بِسْمِ اللّٰهِ تَوَكَّلْتُ عَلَى اللّٰهِ لَا حَوْلَ وَلَا قُوَّةَ اِلَّا بِاللّٰهِ

---

102 Müslim, Zikir, 74, 75, 76; Tirmizî, Daavât, 13; Ebû Davud, Edeb, 100, 101; sabah akşam okunan duaların faziletiyle ilgili olarak bk. Nesâî, *Amelü'l-Yevm ve'l-Leyle,* Beyrut: Müessesetü'l-Kütübi's-Sekâfiyye, 1406/1986, 20 vd.

103 Buhârî, Daavât, 7.

'Allah'ın adıyla, Allah'a güvendim, Allah'a dayandım. Güç ve kudret ancak Allah'ındır' derse kendisine, 'İhtiyaçların karşılandı. Koruma altına alındın' denilir ve şeytan o kimseden uzaklaşır."[104]

Başka bir rivayete göre Hz. Peygamber [sallallahu aleyhi vesellem] evinden çıkacakları zaman Allah Teâlâ'ya şöyle yakarırlardı:

بِسْمِ اللهِ تَوَكَّلْتُ عَلَى اللهِ اَللّٰهُمَّ اِنَّا نَعُوذُ بِكَ مِنْ اَنْ نَزِلَّ اَوْ نَضِلَّ اَوْ نَظْلِمَ اَوْ نُظْلَمَ اَوْ نَجْهَلَ اَوْ يُجْهَلَ عَلَيْنَا

"Allah'ın adıyla. Allah'a güvenip Allah'a dayandım. Ey Allahım! Ayağımın kaymasından, sapıklığa düşmekten, zulmetmekten ve zulme uğramaktan, cahillik etmekten ve bize karşı cahillik edilmesinden sana sığınırım."[105]

TAHARET ÂDABI

Taharet, kelime anlamı olarak "temizlik, temiz olma ve temizlenme" gibi anlamlara gelir. Taharet kelimesi ayrıca ıstılahî olarak şu anlamlarda kullanılmaktadır:

- Büyük ve küçük abdest yapıldıktan sonra su veya temizleyici olan bir şeyle temizlenmedir.

- Dinen pis kabul edilen şeyleri su ile yıkama veya temizleyici olan başka şeylerle temizleme.

- Abdest alma.

- Cünüplükten, hayız ve nifas denilen hallerden çıkmak için gusül abdesti alma.

---

104 Tirmizî, Daavât, 34; Ebû Davud, Edeb, 102, 103.
105 Tirmizî, Daavât, 35; Ahmed b. Hanbel, *el-Müsned*, 6/306.

Sâhibü't-tâhir olan Seyyidinâ Resûl-i Ekrem [sallallahu aleyhi vesellem] bir hadislerinde şöyle buyurmuşlardır:

"Temizlik, imanın yarısıdır."[106]

Yukarıda görüldüğü gibi taharet kelimesi hem maddi hem de manevi pislikten temizlenmeyi ifade eder. Dolayısıyla mümin taharetle maddi pisliklerden arındığı gibi aynı zamanda kibir, gurur, yalan söyleme, haram yeme gibi manevi pisliklerden de temizlenmiş olması gerekir. Âyet-i kerimede ifade edilen,

"... Allah çokça tövbe edenleri ve çokça temizlenenleri sever" (Bakara 2/222) ve *"Ey insanlar! Allah temizdir, ancak temiz olanları kabul eder ..."*[107] hadislerinde ifade edilen mefhumlar da bu gerçeği işaret etmektedir. Burada öncelikle maddi, görünen ve hükmî pislikten temizlenme ele alınacaktır.

Uykudan Uyanınca Elleri Yıkamak

Hz. Peygamber [sallallahu aleyhi vesellem] uykudan kalkınca ellerin yıkanmasını tavsiye etmiş, elleri yıkamadan herhangi bir kaba daldırılmasını uygun bulmamıştır.[108]

TUVALET ÂDABI

A) Tuvalete Girerken

Tuvalete girerken dikkat edilmesi gereken bazı hususlar vardır:

---

106 Müslim, Tahâret, 1; Tirmizî, Daavât, 86.
107 Tirmizî, Tefsîrü'l-Kur'ân, 2.
108 bk. Buhârî, Vudû, 26; Müslim, Tahâret, 87.

- Üzerinde âyet, hadis veya Allah, Muhammed gibi isimlerle -açıkta yazılı şekilde- tuvalete girmemek. Resûlullah [sallallahu aleyhi vesellem] hâcetini gidereceği zaman üzerinde kelime-i tevhid ibaresi nakşedilmiş olan yüzüklerini çıkarırlardı.[109]

- Resûl-i Ekrem [sallallahu aleyhi vesellem] hâcetini giderirken pisliklerden ve habis yaratıklardan Allah'a sığınırlar ve şöyle dua ederlerdi:

$$ اَللّٰهُمَّ اِنِّى اَعُوذُ بِكَ مِنَ الْخُبُثِ وَالْخَبَائِثِ. $$

"Allahım! Pislikten ve habis yaratıkların (şeytanların) şerrinden sana sığınırım."[110]

B) Tuvalet Esnasında

Tuvalet Esnasında Konuşmamak

Büyük hadis âlimi Tirmizî'nin kaydettiğine göre Resûl-i Ekrem [sallallahu aleyhi vesellem] hâcetini giderirken konuşmanın doğru olmadığını belirtmişlerdir.[111]

Ayakta Bevletmemek

Hz. Ömer'in [radıyallahu anh] anlattığına göre Resûlullah [sallallahu aleyhi vesellem] beni ayakta ihtiyaç giderirken gördü ve, *"Ayakta idrarını yapma!"* dedi. Ben ondan sonra bir daha ayakta bevletmedim.[112]

---

109 bk. Ebû Davud, Tahâret, 10; İbn Mâce, Tahâret, 11; Hâkim, *el-Müstedrek,* 1/298.
110 bk. İbn Ebû Şeybe, *el-Musannef,* Tahâret, 1; ayrıca bk. Müslim, Hayız, 122.
111 Konuyla ilgili hadis için bk. Ebû Davud, Tahâret, 7.
112 bk. Tirmizî, Tahâret, 8.

Resûl-i Ekrem [sallallahu aleyhi vesellem] ayakta tuvalet yapılmasını doğru bulmamış ve bundan nehyetmiştir. Bundan dolayı ayakta bevletmek mekruh görülmüştür. Küçük abdesti ayakta yapmak birçok açıdan sıkıntı oluşturmaktadır. Ayakta bevleden birinin taharetini tam olarak yapması çok zordur. Tahareti tam olmayan birinin ibadeti ya olmaz veya eksik olur.

Ayrıca ayakta idrar yapmanın taharete mani olmasının yanında birtakım sağlık sorunlarına sebep olacağı da söylenmektedir.

Abdest Bozarken Kıbleye Dönmemek

Resûl-i Ekrem [sallallahu aleyhi vesellem] büyük veya küçük abdest bozarken kıbleye doğru dönülmesini doğru bulmamış ve bundan sakındırmıştır. [113]

Temizlikte Aslolan Sudur

Ebû Süfyân'dan [radıyallahu anh] rivayet edildiğine göre, o şöyle söylemiştir: Bana Ebû Eyyûb el-Ensârî, Câbir b. Abdullah ve Enes b. Mâlik'in [radıyallahu anhüm] anlattıklarına göre , *"Orada (Kubâ Mescidi'nde) pisliklerden iyice temizlenmeyi seven adamlar vardır. Allah da böyle çok temizlenenleri sever"* (Tevbe 9/108) âyeti nâzil olunca Resûlullah [sallallahu aleyhi vesellem], *"Ey ensar topluluğu! Temizlik hakkında şüphesiz Allah sizi övdü. Sizin (övgüye layık olan) temizliğiniz nasıldır?"* diye sordu. Onlar da, "Biz namaz için abdest alırız. Cünüplükten dolayı boy abdesti alırız ve (abdest bozunca) su ile taharetleniriz"

---

113 bk. Buhârî, Vudû, 11; Müslim, Tahâret, 57; Ahmed b. Hanbel, *el-Müsned*, 4/190.

diye cevap verdiler. Bunun üzerine Resûl-i Ekrem [sallallahu aleyhi vesellem], *"İşte Allah Teâlâ'nın övdüğü temizlik budur. O halde bu temizliğe sımsıkı sarılınız"* buyurdu. [114]

Temizlikte aslolan suyun kullanılmasıdır. Resûlullah Efendimiz [sallallahu aleyhi vesellem] âyetle övülen ve Medine'ye yakın bir belde olan Kubâ halkının temizliğini merak etmiş, onlara nasıl bir temizlik yaptıklarını sormuştur. Onların temizliklerini su ile yaptıklarını öğrenince Allah'ın [celle celâluhû] övgüsüne mazhar olan söz konusu temizliklerine devam etmelerini istemiştir.

Yukarıdaki hadiste ayrıntılı olarak açıklandığı gibi su ile temizlik esastır ve bu övgüye layıktır. Ancak suyun bulunmadığı durumlarda taş ve tuvalet kâğıdı gibi maddelerle temizlik yapılabilir. Önceleri kâğıdın bulunmaması ve sadece yazı için kullanılması vb. sebeplerden dolayı temizlikte kâğıdın kullanılması hoş görülmüyordu. Günümüzde söz konusu mahzurların kalkması sebebiyle tuvalet kâğıtları kullanılmaktadır. Ayrıca zamanımızda suyla temizlik yapıldıktan sonra tuvalet kâğıdı ile kurulama yapılması hem hijyen hem de taharet bakımından en güzelidir. Allahu âlem.

Kemik, Hayvan Pisliği ve Kömürle Taharet Yapılmaz

Ebû Hüreyre'den [radıyallahu anh] rivayet edildiğine göre Resûlullah [sallallahu aleyhi vesellem], *"Şüphesiz (eğitim ve öğretim bakımından) benim size olan yakınlığım ancak*

---

114 İbn Mâce, Tahâret, 28; ayrıca bk. Ebû Davud, Tahâret, 23; Tirmizî, Tefsîrü'l-Kur'ân, 9.

babanın çocuğuna olan yakınlığı gibidir. Size (dininizi) öğ-retiyorum. Abdest bozacak yere vardığınız zaman kıbleye doğru durmayınız, sırtınızı da kıbleye vermeyiniz" buyur-du ve, *"Üç taş ile (istincâ etmeyi) emretti. Revs (hayvan tersi) ve rimme (kemik) ile istincâ etmeyi yasakladı. Bir de adamın sağ eli ile istincâ etmesini yasakladı."*[115]

Hadisten öğrendiğimize göre kemik, hayvan pisliği (tezek), kömür vb. maddelerle taharet yapılamaz.

Temizlenme Sol Elle Yapılır

Sahabenin naklettiklerine göre Allah Resûlü taharet hakkında şöyle buyurmuşlardır:

"Hiçbiriniz küçük abdest bozarken erkeklik uzvunu kesinlikle sağ eliyle tutmasın, sağ eliyle silinmesin ..."[116]

İdrar ve dışkı mahallini temizlemeye istincâ denir. Ayrıca küçük veya büyük abdest bozduktan sonra ku-rulanmak, silinmek de istincâya dahildir. Taharet yapı-lırken mecbur kalmadıkça sağ el kullanılmamalı, istincâ sol el ile yapılmalıdır.

İdrar Sıçramasından Sakınmak

Hâcet giderilirken (tuvalet esnasında) dikkatli olun-malıdır. Bedene veya elbiseye idrar yahut büyük abdes-tin bulaşması taharete mani oluşturur. Taharet olma-yınca da namaz ve buna bağlı diğer ibadetler geçerli olmaz. Özellikle erkeklerin küçük abdest yaparken idrar

115 İbn Mâce, Tahâret, 16.
116 Buhârî, Vudû,19, Eşribe, 25; Müslim, Tahâret, 63; Ebû Davud, Tahâret, 18.

damlacıklarının sıçrama ihtimalinden dolayı daha dikkatli olmaları gerekir. Sevgili Peygamberimiz [sallallahu aleyhi vesellem] bu hususta biz ümmetini ikaz etmiş ve idrar sıçramasından sakınmayanların kabir azabı göreceklerini belirtmiştir.

Nitekim Abdullah b. Abbas'ın [radıyallahu anh] anlattığına göre, Resûlullah [sallallahu aleyhi vesellem] iki kabrin yanına uğradılar ve, *"Dikkat edin, bunlar muhakkak azap görüyorlar. Hem de büyük bir şeyden dolayı azap görmüyorlar. Bunlardan biri koğuculuk yapardı; diğeri de bevlinden sakınmazdı"* buyurdular. Sonra da yaş bir hurma dalı isteyerek onu ikiye ayırdılar ve birini kabrin birine, diğerini de ikinci kabrin üzerine diktiler ve, *"Umulur ki bu dallar kurumadıkça onların azapları hafifletilir"* buyurdular. [117]

İstibrâdan Dolayı Vesvese

İstibrâ kelimesi "temizlenme, kurtulma, uzaklaşma" anlamındadır. Terim olarak erkeklerin küçük abdest yaptıktan sonra herhangi bir idrar akıntısının gelmeyeceğinden emin olana kadar beklemesidir. Bayanların istibrâ yapmalarına gerek yoktur.

İstibrâ yapmak, namazın sıhhatli olabilmesi için Hz. Peygamber'in [sallallahu aleyhi vesellem] uygulamalarından biridir. İstibrâ yapılmadığında gelecek olan idrar artığı elbiseyi kirleterek namazın sıhhatine engel olur. Ayrıca istibrâsız abdeste başlanır, sonra da akıntı gelecek olursa abdest de bozulmuş olur. İstibrâ, biraz beklemek, öksürmek, oturmak veya birkaç adım yürümekle yapı-

---

117 Müslim, Tahâret, 111.

labilir. Ancak istibrâ hususunda aşırıya kaçmak kişiyi vesveseye ve sıkıntıya sokar. Her konuda olduğu gibi taharette de ölçülü olmak gereklidir.

İnsanlığa bir muallim olarak gönderilmiş olan Rahmet Peygamberi Efendimiz bize lüzumlu olan her şeyi öğretmiş ve bu hususta hiçbir fedakârlıktan kaçınmamıştır. Dinimizle ilgili her türlü bilgiyi ümmetine yeri ve zamanını gözetip sabırla öğretmişlerdir. Resûl-i Ekrem [sallallahu aleyhi vesellem] istibrâ konusunda ümmetini ayrıntılı olarak bilgilendirmiştir.

Hayâ Dinlerini Öğrenmekten Alıkoymaz

Peygamber Efendimiz, ashabının öğrenmek istedikleri konularda çekinmemelerini istemiş, hatta bu hususta onları teşvik etmiştir. Nitekim Resûl-i Ekrem [sallallahu aleyhi vesellem] ensar hanımlarının özel durumlarıyla ilgili sorularını takdirle karşılamıştır. Ayrıca müminlerin annesi olan Hz. Âişe [radıyallahu anhâ] bu konuda onları övmüştür. Hz. Âişe'nin bu medhü senâsı şu şekilde ifadesini bulmaktadır:

"Ensar hanımları ne iyi kadınlardır. Hayâ (utanma duygusu) onları dinlerini öğrenmekten alıkoymamıştır."[118]

Tuvalet Yapılması Sakıncalı Olan Yerler

Sahabeden Hz. Câbir'in [radıyallahu anh] Resûlullah'tan [sallallahu aleyhi vesellem] naklettiğine göre,

"Hz. Peygamber durgun suya bevledilmesini yasaklamışlardır."[119]

---

118 Buhârî, İlim, 50; Müslim, Hayız, 61.
119 Müslim, Tahâret, 94; aynı muhtevadaki hadisler için bk. Müslim, Tahâret, 95, 96.

Ayrıca mesken dışındaki yerlerde ihtiyacını gideren kimseler yollara, gölgeliklere, hayvan ve haşerat yuvalarına ve insanların dinlendikleri yerlere abdest bozmaktan sakınmalıdırlar. Resûlullah [sallallahu aleyhi vesellem] bu hususta şöyle buyurmuşlardır:

"Lâneti gerektirecek iki şeyden sakınınız." Ashâb-ı kirâm,

"Lâneti gerektirecek bu iki şey nedir?" diye sorunca, Hz. Peygamber,

"İnsanların gelip geçtikleri yollara ve gölgelendikleri yerlere abdest bozmaktır"[120] buyurdu.

"Sizden biri kovuklara idrarını yapmasın. Uyuduğunuz zaman kandili söndürün. Şüphesiz fare, fitili alıp ev halkının yanmasına sebep olabilir. Gece su/süt tulumlarını bağlayın, su kabının üstünü örtün ve kapıları kilitleyin." (Râvilerden) Katâde'ye, "Kovuklara bevletmenin mekruh olmasının sebebi nedir?" diye sorulunca dedi ki: " (Çünkü) oraların cinlerin meskenleri olduğu söylenir."[121]

C) Tuvaletten Çıkınca

Sevgili Peygamberimiz [sallallahu aleyhi vesellem] tuvalet ihtiyacını giderdikten sonra Allah'a [celle celâluhû] hamdederlerdi. Peygamberimiz hâcetini giderdikten sonra şöyle dua ederlerdi:

$$ اَلْحَمْدُ لِلّٰهِ الَّذِى اَذْهَبَ عَنِّى الْاَذٰى وَعَافَانِى $$

---

120 Müslim, Tahâret, 68.
121 Ahmed b. Hanbel, *el-Müsned*, 5/83.

"Eziyet veren şeyleri benden gideren ve bana afiyet veren Allah'a hamdolsun."[122]

ABDEST

Abdesti; yüzü (ağız, burun dahil), dirseklerle birlikte elleri yıkamak, başı (kulaklar ve ense dahil) meshetmek ve topuklarla beraber ayakları yıkamak biçiminde, özellikle namazdan önce belli bir düzen içinde yapılması gereken maddi ve manevi temizlik şeklinde tarif edebiliriz.[123]

Başta namaz olmak üzere bazı ibadetleri yerine getirmede abdest önemli bir şarttır. Mesela Kur'ân-ı Kerîm okurken, Kâbe'yi tavaf ederken abdestli olmak gerekir.

Abdest, Namazın İlk Şartıdır

Maddi ve manevi temizlik yerine geçen abdest namazın ilk şartıdır. İbadet kastıyla yüce yaratıcının huzuruna abdestsiz olarak çıkılamaz. Bu hususta Mâide sûresinde şöyle buyrulmaktadır:

"Ey iman edenler! Namaz kılmaya kalktığınız zaman yüzlerinizi, dirseklerinize kadar ellerinizi, başlarınızı meshedip, topuklara kadar ayaklarınızı yıkayın ..." (Mâide 5/6).

Ayrıca Resûl-i Ekrem [sallallahu aleyhi vesellem] abdestle ilgili olarak,

"Allah abdestsiz hiçbir namazı, haram maldan da hiçbir sadakayı kabul etmez"[124] buyurmuşlardır.

---

122 bk. İbn Mâce, Tahâret, 10.
123 Buradaki tarif abdestin ana hatlarıyla tarifidir. Abdestin farzları mezheplere göre farklılık arzetmektedir.
124 Dârimî, Tahâret, 20.

Abdest Alırken Misvak Kullanmak

Resûlullah [sallallahu aleyhi vesellem] misvakı çokça kullanmışlar ve bunu ümmetine sıkça tavsiye etmişlerdir. Resûl-i Ekrem abdest alırken misvak kullanmayı özellikle istemişlerdir. *"Ümmetime zor geleceğinden endişe etmeseydim, onlara her abdest almalarında misvak kullanmalarını emrederdim"*[125] hadislerinde buyurdukları gibi farz kılınıp da ümmetini meşakkate sokmamak için abdestin bir rüknü olarak bunu şart koşmamışlardır.

Abdest Âzalarındaki Nur

Resûlullah [sallallahu aleyhi vesellem] kıyamet ahvalini tasvir ederken buyurdular ki:

"Şüphesiz ki benim ümmetim, kıyamet gününde, abdest izlerinden dolayı yüzleri nurlu, elleri ve ayakları parlak olarak çağırılacaktır. Yüzünün nurunu artırmaya gücü yeten kimse bunu yapsın."[126]

Yukarıdaki hadis bize Rahmet Peygamberi'nin [sallallahu aleyhi vesellem] ümmetine olan düşkünlüğünü ifade eden, *"Andolsun size kendinizden öyle bir peygamber gelmiştir ki sizin sıkıntıya uğramanız ona çok ağır gelir. O, size çok düşkün, müminlere karşı çok şefkatlidir, merhametlidir"* (Tevbe 9/128) âyetini hatırlatmaktadır. Resûl-i Ekrem ümmetini çok sevdiği için onların sevaplarının çoğalmasını istemekte ve bu hususta sürekli uyarılarda bulunmaktadır.

---

125 Müslim, Tahâret, 42.
126 Buhârî, Vudû, 3; Müslim, Tahâret, 35.

Ayrıca yukarıdaki hadiste görüldüğü gibi Hz. Peygamber [sallallahu aleyhi vesellem] ümmetine uyarılarda bulunurken onların zorlanıp sıkıntıya girmemelerine azami derecede dikkat etmişlerdir. Hadisteki, *"Yüzünün nurunu artırmaya gücü yeten kimse bunu yapsın"* ifadesi bunun en bariz göstergesidir. Resûl-i Ekrem Efendimiz ümmetinin nurunu artırmayı istemekte, fakat bunu bir zorunluluk olarak emretmeyip kişinin güç yetirebilmesine bırakmaktadır. Bu durum Allah Resûlü'nün nezaket ve letafetinin yanında onun nebevî merhamet ve ferasetini de göstermektedir.

GUSÜL

Cünüplük, hayız ve nifas gibi hükmî kirlilikten kurtulmak için, (niyet ederek) ağız ve burun dahil hiçbir kuru yer kalmadan bütün vücudu yıkamaya gusül veya boy abdesti denir.[127]

Gusül abdesti almak her mümin üzerinde bir vazifedir. Gusül abdesti almanın hükmü duruma göre farklılık arzetmektedir. Cuma günü ve namazı için gusletmek sünnet iken cünüp olan bir insan için bu hüküm farz olmaktadır. Nitekim yüce Mevlâmız Kur'ân-ı Kerîm'de şöyle buyurmaktadır:

"Ey iman edenler! Namaz kılmaya kalktığınız zaman yüzlerinizi, dirseklerinize kadar ellerinizi, başlarınızı meshedip, topuklara kadar ayaklarınızı yıkayın. Eğer cünüp oldunuz ise boy abdesti alın. Hasta yahut yolculuk halin-

---

127 Gusül abdestinin farzları (Hanefîler'e göre) üçtür: **1.** Ağzı bol su ile yıkamak, **2.** Burna su çekerek yıkamak, **3.** Tepeden tırnağa bütün vücudu yıkamak. Guslün farz, sünnet ve diğer rükünleri için mezheplerin ilgili kaynak kitaplarına müracaat edilmelidir.

de bulunursanız yahut biriniz tuvaletten gelirse yahut da kadınlara dokunmuşsanız (cinsî birleşme yapmışsanız) ve bu hallerde su bulamamışsanız temiz toprakla teyemmüm edin de yüzünüzü ve (dirseklere kadar) ellerinizi onunla meshedin. Allah size herhangi bir güçlük çıkarmak iste-mez; fakat sizi tertemiz kılmak ve size (ihsan ettiği) nime-tini tamamlamak ister; umulur ki şükredersiniz" (Mâide 5/6).

"Namaz, ibadet duygusu ile Cenâb-ı Allah'ın huzu-runa çıkmak ve belli şekillerle O'na tapınmaktır. Namaz Allah'ın, kulunu huzuruna kabul etmesidir. İşte bu kabul ve bu kulluk arzı, bir hazırlığı gerekli kılmaktadır. Huzur-ı ilâhîde duran kulun uyanık, şuurlu, içi ve dışı ile tertemiz olması gerekir; abdest ve gusül bunları temin için en gü-zel vasıtadır. Suyun hakikaten veya hükmen bulunma-ması halinde teyemmüm edilir. Teyemmüm her ne kadar maddi temizliği sağlamazsa da temizlik şuuru vermekte ve kişiyi ibadete hazırlamaktadır."[128]

Cuma Günü Gusül

Cuma günü gusül abdesti almak sünnettir. Hz. Pey-gamber'in [sallallahu aleyhi vesellem] bu hususta ısrarlı tavsi-yeleri bulunmaktadır. Bu hadislerden biri şudur:

"Sizden cuma namazına gelenler gusletsinler."[129]

Cuma günü müslümanların bayramı olması mü-nasebetiyle bugüne hürmeten gusül abdesti alınır ve mümkün olan en güzel elbiseler[130] giyilerek camiye ve cemaate gidilir.

---

128 bk. *Kur'ân-ı Kerîm ve Açıklamalı Meâli* (haz. Heyet), Ankara: Türkiye Diyanet Vakfı Yayınları, 1999, s. 107 (Mâide 5/6. âyetin izahında).
129 Buhârî, Cum'a, 2, 5; Müslim, Cum'a, 1, 2, 4.
130 Ebû Davud, Tahâret, 127.

TEYEMMÜM

Suyun bulunmadığı veya bulunsa bile kullanılması-
nın mümkün olmadığı durumlarda, kişinin niyet ederek
abdest veya gusül abdesti yerine geçmesi için yaptığı
manevi temizliğe teyemmüm denir.

Teyemmüm, niyet ettikten sonra toprak cinsinden
bir şeye, iki kez ellerin iç kısmını sürüp birinci defasında
yüzü, ikinci defasında sol elin içiyle sağ kolu, sağ elin
içiyle sol kolu sıvama biçiminde yapılır.[131]

*"... Su bulamamışsanız temiz toprakla teyemmüm
edin ..."* (Mâide 5/6).

YEME İÇME ÂDABI

Yemek Âdabı

Yemekten Önce ve Sonra Elleri Yıkamak

Sevgili Peygamberimiz [sallallahu aleyhi vesellem] yemek-
ten önce ve sonra ellerin yıkanmasını tavsiye etmişler ve
bunun hayır ve bereketi artıracağını belirtmişlerdir.[132]

Besmele ile Başlamak

Rahmet Peygamberi [sallallahu aleyhi vesellem] yemeğe
besmele ile başlamayı emretmiştir. Ayrıca o, "bismillâh"
denilerek başlanılan yemeğin bereketli olacağını ve o
yemeğe şeytanın ortak olamayacağını bildirmişlerdir.[133]

---

131 Teyemmüm hakkında geniş bilgi için ilgili kaynaklara müracaat edilebilir.
132 Tirmizî, Et'ime, 39.
133 Müslim, Eşribe, 103.

Yemeğe başlarken besmele açıktan söylenebilir. Bu şekilde sofradakilere de hatırlatma yapılmış olur.

Yemeğe başlarken besmeleyi unutan kişiye Resûl-i Ekrem [sallallahu aleyhi vesellem], *"Yemeğin başına da sonuna da bismillâh"*[134] demeyi tavsiye etmiştir.

Büyüklerden Önce Başlamamak

Yemeğe önce büyüklerin başlaması gerekir. Ashâb-ı kirâm Resûlullah'la [sallallahu aleyhi vesellem] birlikte yemek yiyecekleri zaman onun yemeğe başlamasını beklerlerdi.[135]

Sağ Elle Yemek

Mümin yemek yerken sağ elini kullanmalıdır. Resûlullah [sallallahu aleyhi vesellem] yemek yerken sağ elin kullanılmasını tembihlemiştir.[136]

Önünden Yemek

Resûl-i Ekrem [sallallahu aleyhi vesellem] ortak bir kaptan yemek yerken kişinin önünden yemesi gerektiğini belirtmişlerdir.[137]

Tabakta Yemek Artığı Bırakmamak

Hz. Peygamber [sallallahu aleyhi vesellem] yemeğin bereketinin neresinde bulunduğunun bilinemeyeceğini söyleyerek tabakta yemek bırakılmasını doğru bulmamıştır.[138]

---

134 Hadisin metni şu şekildedir: "بسم الله فى أوله وآخره" (hadis için bk. Ebû Davud, Et'ime, 15; İbn Mâce, Et'ime, 7).
135 Müslim, Eşribe, 102.
136 Buhârî, Et'ime, 2; Müslim, Eşribe, 105, 108.
137 Buhârî, Et'ime, 2; Müslim, Eşribe, 108, 109.
138 Müslim, Eşribe, 136.

Yemek Seçmemek

Rahmet Peygamberi [sallallahu aleyhi vesellem] yemek seçmezlerdi. Önüne konulan yemeği canı çekiyorsa yer, değilse yemezdi. Fakat yemekte kusur aramazdı.[139]

Mümkün Olduğunca Toplu Olarak Yemek

Aile fertlerinin veya aynı mekânı paylaşan insanların bir arada yemek yemeleri Hz. Peygamber'in [sallallahu aleyhi vesellem] tavsiyelerine uygundur. Ayrıca günümüz şartları düşünüldüğünde aile fertlerinin yemek vesilesiyle bir arada olmaları daha da önem arzetmektedir. Öte yandan yemeği ayrı ayrı yemek bereketsizliğe sebep olmaktadır. Nitekim hadiste bu husus şöyle anlatılmaktadır:

Ashap, "Ey Allah'ın resûlü! Biz yemek yiyiyoruz, fakat doymuyoruz" diye şikâyette bulundular. (Peygamber Efendimiz de onlara), *"Herhalde siz (yemeği) ayrı ayrı yiyorsunuz?"* diye sordu. (Onlar da), "Evet" cevabını verdiler. (Bunun üzerine Hz. Peygamber), *"Yemeği toplu halde yiyiniz ve üzerine besmele çekiniz. (O zaman) Allah o yemeğe bereket verir (karnınız doyar)"* buyurdular.[140]

Yemekte Misafiri Yalnız Bırakmamak

Sofradaki herkes bitirmeden kalkılmaması sünnete uygun görülmüştür.[141] Bu şekilde yemeğini erken bitirenler diğerlerini beklerler ve hiç kimse aç olarak sofradan kalkmamış olur. Özellikle bu durum misafirler için

---

139 Buhârî, Menâkıb, 23; İbn Mâce, Et'ime, 4.
140 Ebû Davud, Et'ime, 14; İbn Mâce, Et'ime, 17.
141 İbn Mâce, Et'ime, 21.

son derece önemlidir. Ev sahibi yemekten erken kalkarsa misafir utancından yemeğe devam etmeyebilir. Bu sebeple ev sahibi aç olmasa dahi misafiri sofrada yalnız bırakmamalıdır.

Ölçülü Bir Şekilde Yemek

Yapılan her işin bir ölçüsü olduğu gibi yemek yemenin de bir ölçüsü vardır. Yemek yerken israfa kaçmamak gerekir. Ayrıca mideyi ölçüsüzce tıka basa doldurmak sevgili Peygamberimiz'in uygun görmediği bir davranıştır. Bu hususta Resûlullah [sallallahu aleyhi vesellem] şöyle buyurmuşlardır:

"İnsanoğlu midesinden daha tehlikeli bir kap doldurmamıştır. Kişiye, kendisini ayakta tutacak birkaç lokma yeter. Şayet bir kimse mutlaka daha fazla yiyecekse, midesinin üçte birini yemeğe, üçte birini içeceğe, üçte birini de nefesine ayırsın."[142]

Kokusu Rahatsızlık Veren Yiyecekler

Allah Resûlü soğan, sarımsak ve pırasa gibi kokusu insanlara rahatsızlık veren sebzeleri yiyen kişilerin cemiyet içine veya ibadet mahalline girmelerini yasaklamıştır. Nitekim Hz. Peygamber [sallallahu aleyhi vesellem] ümmetini şu hadisiyle ikaz etmişlerdir:

"Sarımsak veya soğan yiyen kimse bizden veya mescidimizden uzak olsun. Evinde otursun (kokusuyla başkasını rahatsız etmesin)."[143]

---

142 Tirmizî, Zühd, 47; İbn Mâce, Et'ime, 50.
143 Buhârî, Ezân, 160, Et'ime, 49; Müslim, Mesâcid, 73; Ebû Davud, Et'ime, 40; Tirmizî, Et'ime, 13.

Hadisten anladığımıza göre soğan, sarımsak, pırasa gibi kokusuyla insanları rahatsız edecek sebzeleri yedikten hemen sonra camiye gitmek veya topluma karışmak doğru değildir. Kokusu rahatsızlık veren bu veya benzeri şeyleri yiyen kişiler ağız kokusunu giderecek tedbirleri aldıktan sonra insanların huzuruna çıkmalı ve ibadet mahalline gitmelidir.

Yemek Yerken Kimseyi Rahatsız Etmemek

Yemek yerken ağzı mümkün olduğunca kapatarak insanlara rahatsızlık verecek ses (ağzı şapırdatmak gibi) ve görüntülerden sakınılmalıdır.

Yemekten Sonra Hamdetmek

Yemekten sonra Allah'a dua etmek, nimetin sahibini unutmamak ve O'na teşekkür etmek anlamına gelir. Allah Resûlü yemekten sonra Allah'a [celle celâluhû] hamdetmeden sofradan kalkmazlardı.[144] Hz. Peygamber'in [sallallahu aleyhi vesellem] yemekten sonra yaptığı dualardan biri şöyledir:

$$ اَلْحَمْدُ لِلّٰهِ الَّذِى اَطْعَمَنَا وَسَقَانَا وَجَعَلَنَا مُسْلِمِينَ $$

"Bizi yediren, içiren ve müslüman kılan Allah'a hamdolsun."[145]

---

144 Hz. Peygamber'in [sallallahu aleyhi vesellem] yemekten sonra yaptığı bazı dualar için bk. Ebû Davud, Et'ime, 52; Libâs, 1.
145 Ebû Davud, Et'ime, 52.

Yemek Yedirene Dua

Hz. Peygamber kendisine bir şey ikram edildiğinde ikram sahibine dua etmiştir. Resûlullah [sallallahu aleyhi vesellem] bir yemek daveti esnasında hane halkına şöyle dua etmiştir:

$$\text{اَفْطَرَ عِنْدَكُمُ الصَّائِمُونَ وَاَكَلَ طَعَامَكُمُ الْاَبْرَارُ وَصَلَّتْ عَلَيْكُمُ الْمَلَائِكَةُ}$$

"Yanınızda oruçlular iftar etsin. Yemeğinizi cennetlik kullar yesin. Melekler size duacı olsun."[146]

Ayrıca Resûl-i Ekrem [sallallahu aleyhi vesellem] ikram sahibine dua etmeyi, onu mükâfatlandırmak olarak değerlendirmiştir.[147]

Yemek Kaplarını Açıkta Bırakmamak

Resûlullah [sallallahu aleyhi vesellem] özellikle geceleyin yiyecek kaplarının ve su kaplarının üzerlerinin örtülmesini tavsiye etmişlerdir. Sevgili Peygamberimiz ayrıca yiyecek ve içecek kaplarının kapalı tutulmasının hastalığı veya muhtemel bir tehlikeyi önleyeceğini haber vermişlerdir.[148]

Altın ve Gümüş Kaplar

Huzeyfe'den [radıyallahu anh] rivayet edildiğine göre o şöyle söylemiştir:

---

146 Ebû Davud, Et'ime, 54.
147 Ebû Davud, Et'ime, 54.
148 Buhârî, Bed'ü'l-Halk, 11; Müslim, Eşribe, 96, 97, 99.

"Ben, Resûlullah'ı [sallallahu aleyhi vesellem], *'Saf ipek ve atlas elbise giymeyiniz. Altın ve gümüş kaptan bir şey içmeyiniz. Altın ve gümüş tabaklardan da yemek yemeyiniz'* derken işittim."[149]

Suyu Oturarak İçmek

Hz. Peygamber [sallallahu aleyhi vesellem] ayakta su içmeyi uygun görmemiştir.[150] Resûl-i Ekrem prensip olarak ayakta su içmemeyi tercih etmekle beraber zemzemi ve suyu ayakta iken içtiği de haber verilmiştir.[151]

Resûlullah'ın [sallallahu aleyhi vesellem] ayakta su içilmesini yasaklayan hadisleri ve suyu ayakta içtiğine dair rivayetleri birlikte değerlendirdiğimizde bu yasaklamanın bir haram kılma olmadığı anlaşılmaktadır. Ayrıca prensip olarak suyu oturarak içmenin esas olduğu, gerektiği durumlarda da suyun ayakta içilebileceği söylenebilir.[152]

Suyu Bir Nefeste İçmemek

Suyun bir nefeste içilmesi uygun görülmemiştir. Allah'ın elçisi suyu iki veya üç nefeste içmemizi tavsiye etmiştir.[153] Hz. Peygamber [sallallahu aleyhi vesellem] ayrıca

---

149 Buhârî, Et'ime, 29; Müslim, Libâs, 5.
150 Müslim, Eşribe, 114, 116.
151 Müslim, Eşribe, 117-120; ayrıca Hz. Peygamber'in [sallallahu aleyhi vesellem] ayakta iken su içtiğine dair rivayetler için bk. Buhârî, Eşribe, 16; Tirmizî, Eşribe, 12; İbn Mâce, Et'ime, 25; Nesâî, Sehiv, 100.
152 bk. Nevevî, *Riyâzü's-Sâlihîn*, 4/265.
153 Tirmizî, Eşribe, 13; Ahmed b. Hanbel, *el-Müsned*, 5/426.

suyu üç nefeste içmenin susuzluğu gidermede daha etkili olduğunu ve sağlık için daha faydalı olduğunu belirtmiştir.[154]

Kabın İçine Solumamak veya Üflememek

Resûlullah [sallallahu aleyhi vesellem] kapların içine solumayı ve üflemeyi yasaklamıştır.[155] Su kaplarının içine solumak veya üflemek hijyen açısından da uygun değildir.

Su Kabının Ağzından Su İçmemek

Resûl-i Ekrem [sallallahu aleyhi vesellem] su kapları veya tulumlardan ağzı dayayarak içmeyi doğru bulmamıştır.[156] Dolayısıyla bugün kullandığımız sürahi, damacana gibi eşyalardan ağzımızla su içmek doğru değildir. Suları, bardak gibi kişisel eşyalara aktararak içmek sünnete uygun bir davranıştır. Ayrıca bu durum sağlık ve hijyen açısından da çok önemlidir.

İkrama Sağdan veya Büyüklerden Başlamak

Hz. Peygamber [sallallahu aleyhi vesellem] su veya meşrubat çeşitlerinden birini içtiği zaman sağındakine verir ve sağdan devam edilmesini isterlerdi.[157]

Ancak bir mecliste yaşlı veya hürmete layık kimseler varsa onlardan başlamak Peygamber Efendimiz'in [sallallahu aleyhi vesellem] tatbikatına uygundur.[158]

---

154 Müslim, Eşribe, 123.
155 Müslim, Tahâret, 65; Eşribe, 121.
156 Buhârî, Eşribe, 24; Ebû Davud, Eşribe, 14.
157 Buhârî, Eşribe, 14, 18; Müslim, Eşribe, 124.
158 Buhârî, Eşribe, 19.

Suyu Dağıtan En Son İçer

Su veya başka bir içecek dağıtan kimsenin meclistekilerin durumuna göre bir ayarlama yapması gerekir. Resûl-i Ekrem [sallallahu aleyhi vesellem] insanlara su dağıtan kimsenin en son kendisinin içmesi gerektiğini belirtmişlerdir.[159]

GİYİM KUŞAM ÂDABI

Tesettüre Uygun Olmalı

Tesettür yani örtünmede amaç görülmesi haram olan yerleri kapatmaktır. Burada kadınlar için ölçü el ve yüz dışında bütün bedendir. Zor durumlarda ayaklar için ruhsat vardır. Kadınlar namazda veya dinen kendisine yabancı erkeklerin yanında el ve yüzü hariç bütün bedenini örtmelidir.

Hz. Peygamber [sallallahu aleyhi vesellem] şöyle buyurmuşlardır:

"Bir kadın ergenlik çağına girdiğinde onun elleri ve yüzü dışında bir yerini yabancı erkeklerin yanında açması helâl olmaz."[160]

Kadının elbisesi ince ve dar olmamalıdır. Kadının dış elbisesinin altını göstermeyecek özellikte olması gerekir. Ayrıca cildin rengini gösterecek derecede ince olan giysi ile kadın dinen örtünmüş sayılmaz. Böyle bir elbise ile kılınan namaz geçerli olmaz.

---

159 Müslim, Mesâcid, 311; Tirmizî, Eşribe, 20; Ebû Davud, Eşribe, 19.
160 Ebû Davud, Libâs, 31.

Nûr sûresinde yüce Rabbimiz şöyle buyurmaktadır:

"Mümin kadınlara da söyle: Gözlerini (harama bakmaktan) korusunlar; namus ve iffetlerini esirgesinler. Görünen kısımları müstesna olmak üzere, ziynetlerini teşhir etmesinler. Baş örtülerini yakalarının üzerine (kadar) örtsünler. Kocaları, babaları, kocalarının babaları, kendi oğulları, kocalarının oğulları, erkek kardeşleri, erkek kardeşlerinin oğulları, kız kardeşlerinin oğulları, kendi kadınları (mümin kadınlar), ellerinin altında bulunanlar (köleleri), erkeklerden, ailenin kadınına şehvet duymayan hizmetçi vb. tâbi kimseler yahut henüz kadınların gizli kadınlık hususiyetlerinin farkında olmayan çocuklardan başkasına ziynetlerini göstermesinler. Gizlemekte oldukları ziynetleri anlaşılsın diye ayaklarını yere vurmasınlar (Dikkatleri üzerine çekecek tarzda yürümesinler). Ey müminler! Hep birden Allah'a tövbe ediniz ki kurtuluşa eresiniz" (Nûr 24/31).

Tesettürde erkekler için ölçü ise namazda veya namaz dışında kendi hanımı dışındaki insanların yanında göbekle diz kapağı arasını örtmeleridir. Bu örtünmedeki zarurettir. Normal giyim ölçüsü değildir. Erkekler imkânı olduğu ölçüde vücudunun diğer yerlerini de örtmelidir.[161]

Giyinmiş Çıplaklardan Olmamalı

Hz. Peygamber [sallallahu aleyhi vesellem] bazı kadınların giyinmiş de olsalar çıplak hükmünde olduklarını ifade etmiş ve onların cehennemlik olduklarını belirtmiştir. Nitekim Ebû Hüreyre'den [radıyallahu anh] nakledilen ve âdeta günümüzü tasvir eden bir hadiste şöyle buyrulmuştur:

---

161 Tesettürle ilgili bilgi için bk. Selvi, *Kadın ve Aile İlmihali*, s. 220 vd.

"Cehennemliklerden kendilerini (henüz) görmediğim iki sınıf insan vardır: Biri, sığır kuyrukları gibi kırbaçlarla insanları döven bir grup. Diğeri, giyinmiş oldukları halde çıplak olan (görünen) ve diğer kadınları kendileri gibi giyinmeye teşvik eden (veya zorlayan) ve başları deve hörgücüne benzeyen kadınlardır. İşte bu kadınlar cennete giremeyecekler, hatta onun kokusunu dahi duyamayacaklardır. Halbuki cennetin kokusu (çok) uzak mesafeden bile hissedilecektir." [162]

Hadiste geçen, *"Giyinmişlerdir ama çıplaktırlar"* ifadesinin Allah'ın nimetleri (elbise ve benzeri) içinde yüzdükleri halde bunlara şükretmeyenler, vücudunun bir kısmı kapalı, diğer kısmı açık, giydiği kıyafet çok dar veya şeffaf olduğu için vücut hatlarını belli edecek şekilde giyen kadınları belirtmek için kullanıldığı kaydedilmektedir.[163]

Giyimiyle Örnek Olmalı

Sevgili Peygamberimiz [sallallahu aleyhi vesellem] müslümanın kılık kıyafetinin temizliği ve güzelliği ile örnek olmasını istemiştir.[164] Müslüman kılık kıyafetiyle de kimseye rahatsızlık vermemelidir.

Güzel Elbise Giymek

Kişi maddi durumuna göre güzel ve kaliteli elbise giyebilir. Güzel elbise giymek kibir değildir.[165]

---

162 Müslim, Libâs, 125.
163 Bilgi için bk. Nevevî, *el-Minhâc fî Şerhi Sahîhi Müslim b. Haccâc,* Beyrut: Dâru İhyâi't-Türâsi'l-Arabî, 1392, 14/110.
164 Ebû Davud, Libâs, 25.
165 Müslim, İmân, 147.

Mâbedlere Temiz ve Güzel Elbiselerle Gidilmeli

Yüce Rabbimiz ibadet yeri olan mescidlere girerken nasıl davranmamız gerektiğini bize şu şekilde öğretmektedir:

"Ey âdemoğulları! Her mescide girişinizde güzel elbiselerinizi giyin; yiyin, için, fakat israf etmeyin" (A'râf 7/31).

Âyet-i kerimeden de anlaşılacağı gibi Allah Teâlâ'ya ibadet için hazırlanmış mekânlara giderken olabildiğince temiz ve güzel elbiseler giyilmelidir. Çorap ve ter kokusu gibi insanlara rahatsızlık verecek her türlü durumdan sakınılmalıdır.

Allah Nimetini Kulunun Üzerinde Görmek İster

İmkânı varken güzel giyinmemek doğru değildir. Allah Resûlü maddi durumu müsait olduğu halde pejmürde bir kılıkla huzuruna gelen birine yaptığının doğru olmadığını belirterek,

"Allah nimetini kulunun üzerinde görmek ister"[166] buyurmuştur.

Erkeklere İpek Elbise ve Altın Câiz Değildir

Resûlullah [sallallahu aleyhi vesellem] ipek elbisenin ve altının erkeklere haram kılındığını bildirmişlerdir. [167]

Çoğunluğu ipekten mâmul olan elbiseleri giymek, altından yapılmış yüzük takmak ve altından yapılmış kap kacakta yemek yemek câiz değildir.

---

166 Tirmizî, Birr, 63; Ebû Davud, Libâs, 14.
167 Ebû Davud, Libâs, 11; İbn Mâce, Libâs, 19.

Beyaz ve Açık Renkler Tercih Edilmeli

Hz. Peygamber [sallallahu aleyhi vesellem] beyaz elbise giymeyi tavsiye ederek onun hem temizlik hem güzellik açısından daha uygun olduğunu belirtmişlerdir.[168]

Mevsim ve yöre şartlarını da dikkate alarak mümkün olduğunca beyaz veya açık renk elbise giymek sünnete uygun bir davranış olur.

Cuma ve Bayram Günleri İçin Mümkünse Ayrı Bir Elbise Giyilmeli

Sevgili Peygamberimiz [sallallahu aleyhi vesellem] cuma[169] ve bayram günleri için iş elbisesi dışında bir elbise giymeyi tavsiye etmişlerdir. Bu durum özel günlerin önemine işaret etmektedir. İbadet mahallinin temizliği aynı zamanda ibadet esnasındaki huzurun sağlanmasına katkıda bulunur.

Kılık Kıyafette Karşı Cinse Benzememek

Hz. Peygamber [sallallahu aleyhi vesellem] erkeğin kadın, kadının da erkek kıyafeti giymesini şiddetle yasaklamış ve karşı cinse benzemeye çalışanları lânetlemiştir.[170]

Kırmızı Renkte Elbise Giyilmesi

Asfur bitkisiyle boyanan kırmızı veya başka bir renkte elbise giyilmesi mekruhtur. Ancak asfur maddesiyle

---

168 Timizî, Edeb, 46.
169 Ebû Davud, Tahâret, 127.
170 Buhârî, Libâs, 61, 62; Ebû Davud, Libâs, 28.

boyanmayan kırmızı veya başka bir renkte elbise giymek mekruh değildir.[171]

Yeni Elbise Giyince Okunacak Dua

Hz. Ömer [radıyallahu anh], Resûl-i Ekrem'den [sallallahu aleyhi vesellem] şöyle rivayet etmişlerdir:

$$ اَلْحَمْدُ لِلّٰهِ الَّذِى كَسَانِى مَاأُوَارِى بِهِ عَوْرَتِى وَاَتَجَمَّلُ بِهِ فِى حَيَاتِى $$

"'Avret yerimi örttüğüm ve yaşadığım sürede kendisiyle güzel göründüğüm bu elbiseyi bana giydiren Allah'a hamdolsun.' Yeni bir elbise giyince bu şekilde Allah'a hamdeden ve eski elbisesini de tasadduk eden kimse hayattayken ve öldükten sonra Allah'ın hıfzu emanında (korumasında) olur."[172]

Giyinirken Sağdan Başlamalı

Hz. Peygamber [sallallahu aleyhi vesellem] ayakkabı giyerken sağdan, çıkarırken ise soldan başlamayı tavsiye etmiştir.[173] Ayrıca Allah Resûlü saçını tararken ve bütün işlerinde sağdan başlamayı severdi. [174]

---

171 Tirmizî, Edeb, 45 (hadisin sonunda bir değerlendirme yaparak, ulemaya göre asfurla boyanmamış kırmızı renkli elbise giymede bir mahzur olmadığını belirtmektedir).

172 Tirmizî, Daavât, 107.

173 bk. Buhârî, Libâs, 38.

174 Buhârî, Libâs, 31.

İmam Nevevî [rahmetullahi aleyh] *Riyâzü's-Sâlihîn* isimli meşhur eserinde sağdan başlanması gereken işlerle ilgili bir bab/konu başlığı koymuştur. İmam Nevevî'ye göre sağdan başlanması müstehap olan fiiller şunlardır:

Abdest ve gusül alırken, teyemmüm yaparken, elbise, ayakkabı, mest ve pantalon giyerken, mescide girerken, diş fırçalarken/misvak kullanırken, sürme çekerken, tırnak kesip bıyıkları kısaltırken, koltuk altını temizleyip başı tıraş ederken, namazdan çıkarken, yiyip içerken, tokalaşırken, Hacerülesved'i selâmlarken, tuvaletten çıkarken, bir şeyi alıp verirken ve benzeri güzel işleri yaparken sağ organları kullanmak.[175]

Ayrıca burun silerken, tükürürken, tuvalete girerken, mescidden çıkarken, mest, ayakkabı, pantalon ve elbiseyi çıkarırken, taharet yaparken ve benzeri işleri ifa ederken sol organları kullanmak makbuldür.[176]

Güzel Koku

Her hali güzellikle dolu olan sevgili Peygamberimiz [sallallahu aleyhi vesellem] güzel giyinir ve güzel kokular sürerlerdi. Ayrıca güzel koku kullanmayı ashabına tavsiye ederlerdi. Hz. Peygamber güzel kokunun kendisine sevdirildiğini belirtmiştir.[177]

---

175 bk. İbn Allân, *Delîlü'l-Fâlihîn,* 3/94.
176 bk. İbn Allân, *Delîlü'l-Fâlihîn,* 3/95; Nevevî, *Riyâzü's-Sâlihîn,* 4/192.
177 Ahmed b. Hanbel, *el-Müsned,* 3/128.

İSTİRAHAT ve YATMA ÂDABI

Yatsıdan Önce Uyumak Uygun Değildir

Resûl-i Ekrem [sallallahu aleyhi vesellem] yatsıdan önce uyumayı, yatsıdan sonra ise konuşmaya dalıp geç yatmayı uygun görmezdi.[178]

İlim, hizmet, maişet temini gibi dünya ve ahirete ait gerekli işler dışında kişinin herhangi bir meşguliyetten dolayı geç yatması sünnete uygun bir davranış değildir. Ayrıca yapılan iş her ne olursa olsun ibadetlerin aksamasına ve aile düzeninin bozulmasına sebep olmamalıdır.

Sağ Yanına Yatmak

Hz. Peygamber [sallallahu aleyhi vesellem] istirahat edecekleri zaman sağ ellerini sağ yanaklarının üzerine koyarlar ve sağ tarafları üzerine yatarlardı.[179]

Yüzükoyun/Yüz Üstü Yatmak Doğru Değildir

Yüz üstü yatmak uygun değildir. Resûl-i Ekrem [sallallahu aleyhi vesellem] yüzükoyun yatan birini görmüş ve onu şu şekilde uyarmıştır:

"Bu şekilde yatmak Allah'ın sevmediği bir yatış şeklidir."[180]

---

178 Buhârî, Mevâkît, 13; Ebû Davud, Edeb, 23.
179 Buhârî, Daavât, 8.
180 Ebû Davud, Edeb, 95; Tirmizî, Edeb, 21.

Hz. Peygamber [s.a.v] İstirahat Edeceği Zaman Çeşitli Dualar Okurdu

Sevgili Peygamberimiz [sallallahu aleyhi vesellem] uyumadan önce çeşitli dualar okurlardı. Bunlardan bazılarını zikredelim.

Ashâb-ı kirâmdan Berâ b. Âzib [radıyallahu anh], Peygamber Efendimiz'in şöyle buyurduğunu rivayet ediyor:

"Yatağa gireceğin vakit namaz için aldığın gibi abdest al. Sonra sağ tarafına yat ve şöyle dua et:

اَللّٰهُمَّ اَسْلَمْتُ نَفْسِى اِلَيْكَ وَفَوَّضْتُ اَمْرِى اِلَيْكَ
وَوَجَّهْتُ وَجْهِى اِلَيْكَ وَاَلْجَاْتُ ظَهْرِى اِلَيْكَ رَغْبَةً
وَرَهْبَةً اِلَيْكَ لَا مَلْجَاَ ، وَلَا مَنْجَا مِنْكَ اِلَّا اِلَيْكَ
اٰمَنْتُ بِكِتَابِكَ الَّذِى اَنْزَلْتَ وَبِنَبِيِّكَ الَّذِى اَرْسَلْتَ

Allahım! Yüzümü (nefsimi) sana teslim ettim. İşimi sana ısmarladım. Seni isteyerek ve senden çekinerek sırtımı sana dayadım/sana güvendim. Senin hıfz ve himayenden başka sığınacak, korunup kurtulacak başka yer yoktur. Ey Allahım! İndirdiğin kitaba ve gönderdiğin nebîye iman ettim.

Ve şayet bu duayı yapıp yattığın gece ölürsen, iman üzere ölürsün, ölmez de sabaha çıkarsan hayra kavuşursun."[181]

---

181 Müslim, Zikir, 56-58; benzer bir hadis için bk. Buhârî, Vudû, 75; Daavât, 6, 7.

Hz. Peygamber'in [sallallahu aleyhi vesellem] okuduğu dualardan biri de şudur:

اَللّٰهُمَّ بِاسْمِكَ اَمُوتُ وَاَحْيَا

"Ey Allahım! Senin isminle yatar (ölür), senin isminle kalkarım (dirilirim)."[182]

Hz. Âişe annemizin [radıyallahu anhâ] haber verdiğine göre:

كَانَ اِذَا اَوٰى اِلٰى فِرَاشِهِ كُلَّ لَيْلَةٍ جَمَعَ كَفَّيْهِ ثُمَّ نَفَثَ فِيهِمَا وَقَرَاَ فِيهِمَا (قُلْ هُوَ اللهُ اَحَدٌ) وَ (قُلْ اَعُوذُ بِرَبِّ الْفَلَقِ) وَ (قُلْ اَعُوذُ بِرَبِّ النَّاسِ) ثُمَّ يَمْسَحُ بِهِمَا مَا اسْتَطَاعَ مِنْ جَسَدِهِ يَبْدَاُ بِهِمَا عَلٰى رَأْسِهِ وَوَجْهِهِ وَمَا اَقْبَلَ مِنْ جَسَدِهِ يَفْعَلُ ذٰلِكَ ثَلَاثَ مَرَّاتٍ.

"Resûlullah, yatağına yatacağı zaman avuçlarını bir araya getirir, onlara üfürerek (avuç içine) İhlâs, Felak ve Nâs sûrelerini okur, sonra o avuç içleriyle vücudunun ulaşabileceği kadar yerlerini sıvazlardı. Bu işe başından ve yüzünden başlar ve bunu üç sefer yapardı."[183]

---

182 Buhârî, Daavât, 8, 16; Tirmizî, Daavât, 28.
183 Tirmizî, Daavât, 21; İbn Mâce, Dua, 15.

SELÂMLAŞMA ÂDABI

Önce Selâm, Sonra Kelâm

Müslüman, karşılaştığı kişiye önce selâm verir, sonra konuşmaya başlar. Bu yüzden sevgili Peygamberimiz [sallallahu aleyhi vesellem], *"Selâm, kelâmdan öncedir"*[184] buyurmuşlardır.

Selâmın orijinal hali olan "es-selâmü aleyküm" veya "selâmün aleyküm" dendikten sonra "merhaba", "hayırlı sabahlar", "hayırlı akşamlar" gibi ifadeler kullanılabilir. Selâmdan sonra bu tür ifadelerin kullanılması toplumumuzda gelen kişiye ilgi gösterme olarak değerlendirilir. "Merhaba", "hayırlı sabahlar", "hayırlı akşamlar" gibi ifadelerin veya benzerlerinin kullanılması güzel olmakla birlikte selâm yerine geçmez.

Meclise Girerken ve Meclisten Çıkarken Selâm Verilir

Dinimizi kendisinden öğrendiğimiz Rasûl-i Ekrem [sallallahu aleyhi vesellem] bir meclise giren kimsenin selâm hususunda dikkat etmesi gerekenleri şöyle açıklamıştır:

"Sizden biri bir meclise gireceği zaman selâm versin. O meclisten ayrılacağı zaman da selâm versin. Zira her iki selâm da önemlidir."[185]

---

184 Tirmizî, İsti'zân, 11.
185 Tirmizî, İsti'zân, 15.

Selâmdan Sonra Musâfaha

Musâfaha, birbirleriyle buluşan kişilerin kardeşlik, dostluk, esenlik ve saygı göstergesi olarak el sıkışmaları, tokalaşmaları anlamına gelir. Musâfaha yapmak Hz. Peygamber [sallallahu aleyhi vesellem] ve ashabının uygulamasıdır.

Ashâb-ı kirâm birbirleriyle karşılaştıklarında önce selâm verip sonra birbirleriyle musâfaha yaparlardı. Müslümanların birbirleriyle ilk defa karşılaştıklarında selâmdan sonra birbirlerinin avuç içini sıkacak şekilde musâfaha yapmaları sünnete uygun görülmüştür.[186]

Musâfaha yapmanın dostluğu kuvvetlendiren bir davranış olmasının yanında günahlara kefâret olacağı belirtilmiştir. Nitekim Berâ'dan [radıyallahu anh] nakledilen bir hadiste Resûl-i Ekrem [sallallahu aleyhi vesellem] şöyle buyurmuşlardır:

"İki müslüman karşılaştıklarında el sıkışırlarsa, birbirlerinden ayrılmadan önce günahları bağışlanır."[187]

Musâfaha güzel bir davranış olmakla birlikte bazı hususlara dikkat etmek gerekmektedir:

- Musâfaha için elini uzatandan yüz çevirmek ve mukabelede bulunmamak doğru bir davranış olarak kabul edilmez ve edebe aykırıdır.

- Dinen birbirlerine nâmahrem olan erkek ve kadının tokalaşmaları haramdır.

---

186 bk. Nevevî, *Riyâzü's-Sâlihîn*, 4/480.
187 Ebû Davud, Edeb, 143; Tirmizî, İsti'zân, 31; İbn Mâce, Edeb, 15

Muânaka/Kucaklaşma

Selâmlaşma ve musâfahalaşma haricinde bir de muânaka denilen kucaklaşma vardır. Özellikle uzak yerlerden gelen dost ve ahbapla hasret gidermek için hoş geldin anlamında karşılıklı olarak kalplerin/göğüslerin aynı hizaya gelecek şekilde sarılmasıdır.

Muânaka/Kucaklaşmaya ilave olarak el veya alından öpmek de câizdir. Nitekim Resûl-i Ekrem [sallallahu aleyhi vesellem] Habeşistan'dan dönen Cafer'i [radıyallahu anh] kucaklamış, sonra alnından (iki gözünün arasından) öpmüştür.[188]

Selâma Karşılık Vermek

Bilindiği gibi selâm dinimizce çok önemli bir aracıdır. Selâm verildiği zaman daha güzeliyle veya en azından aynıyla mukabele edilmelidir. "es-Selâmü aleyküm" diyen birine "ve aleyküm selâm ve rahmetullahi" veya "ve aleyküm selâm ve rahmetullahi ve berekâtüh" şeklinde daha güzeliyle karşılık vermelidir. Veya en azından "ve aleykümü's-selâm" şeklinde aynıyla mukabele edilmelidir. Nitekim yüce Rabbimiz Kur'ân-ı Kerîm'de şöyle buyurmaktadır:

"Size selâm verildiği zaman, ondan daha güzeliyle selâmı alın veya aynıyla karşılık verin. Şüphesiz Allah, her şeyin hesabını gereği gibi yapandır" (Nisâ 4/86). İslâm âlimleri, bu âyetten hareketle selâmı almanın farz olduğu sonucuna ulaşmışlardır.

---

188 bk. İbn Hişâm, Ebû Muhammed Cemâleddin Abdülmelik, *es-Sîretü'n-Nebeviyye*, Beyrut: el-Mektebetü'l-Asriyye, 1412/1992, 3/332; *Üsve-i Hasene* (haz. Ömer Çelik, Mustafa Öztürk, Murat Kaya), İstanbul: Erkam Yayınları, 2008, 1/410.

Her Bir Kelimesine On Sevap

İmrân b. Husayn'dan [radıyallahu anh] nakledildiğine göre, Resûlullah'a bir adam geldi ve,

"es-Selâmü aleyküm" dedi. Hz. Peygamber [sallallahu aleyhi vesellem] onun selâmına karşılık verdikten sonra adam oturdu. Resûl-i Ekrem,

"On sevap kazandı" buyurdu. Sonra bir başkası geldi, o da,

"es-Selâmü aleyküm ve rahmetullah" dedi. Peygamberimiz onun da selâmını aldı. O kişi de yerine oturdu. Hz. Peygamber,

"Yirmi sevap kazandı" buyurdu. Daha sonra başka bir adam geldi ve,

"es-Selâmü aleyküm ve rahmetullahi ve berekâtüh" dedi. Allah Resûlü o kişinin de selâmına karşılık verdi. O kişi de yerine oturdu. Peygamber Efendimiz,

"Otuz sevap kazandı" buyurdular.[189]

Hadisten öğrendiğimize göre "es-selâmü aleyküm" diye selâm veren kişi on sevap kazanmış olur. Selâmına ilave ettiği her bir kelime için de kendisine on sevap ilave edilir.

---

189 Tirmizî, İsti'zân, 2; Ebû Davud, Edeb, 131, 132.

Herkese Selâm Vermek

Resûl-i Ekrem Efendimiz [sallallahu aleyhi vesellem] kendisine İslâm'ın en hayırlı amelini soran Abdullah b. Amr'a [radıyallahu anh] cevaben, *"En hayırlı amel, yemek yedirmen ve tanıdık tanımadık herkese selâm vermendir"*[190] buyurdular.

Selâm vermek iletişim kurmanın ilk adımıdır. Selâmdan sonra tanışma ve kaynaşma meydana gelir. Ayrıca birlikte yemek yeme gibi vesilelerle aynı ortamı paylaşma, dostlukların kurulmasına ve pekişmesine sebep olur. Toplumda genellikle tanıdıklara selâm verme ve onlara ikramda bulunma önceliği vardır. Bazıları belki de tanıdıkları haricindekileri muhatap kabul etmeyebilirler. İşte tam bu noktada Resûlullah'ın [sallallahu aleyhi vesellem] bize uyarıda bulunduğunu görüyoruz.

Öyle ki tanıdık tanımadık herkese selâm verenler ve birbirlerine ikramda bulunanlar en hayırlı işleri yapanlar olarak nitelendirilmektedir. İnsanlar arasında herhangi bir ayırım yapmadan mümkün olduğunca selâm vermeli ve ikramlarda bulunmalıyız. Karşılaştığı her mümine selâm vermeyi hedefleyen, ikramda bulunmaya çalışan veya en azından tebessüm etmeyi prensip edinen kişi Hz. Peygamber'in [sallallahu aleyhi vesellem] yukarıdaki hadiste işaret ettiği seviyeye gelmiş demektir. Çünkü insan sevmediği kişiye selâm vermek istemez, ona ikram etmez veya en azından ondan güler yüzü esirger. Netice itibariyle bu güzel davranışlar aynı zamanda olgun müslümanın vasıflarındandır.

---

190 Buhârî, İmân, 6, 20, İsti'zân, 9, 19; Müslim, İmân, 63.

Selâm, Cennetin Anahtarıdır

Resûl-i Ekrem [sallallahu aleyhi vesellem] bir hadislerinde şöyle buyurmuşlardır:

"İman etmedikçe cennete giremezsiniz. Birbirinizi sevmedikçe de mümin olamazsınız. Yaptığınız takdirde birbirinizi seveceğiniz bir şeyi size haber vereyim mi? Selâmı aranızda yayınız."[191]

Hz. Peygamber'in bu hadisine göre selâm, müminler arasında sevginin çoğalmasına, muhabbet de cennete girmeye sebeptir. Dolayısıyla selâm, cennetin anahtarı olmaktadır. Ayrıca Resûl-i Ekrem [sallallahu aleyhi vesellem] ashabıyla bir başka sohbetlerinde şöyle buyurmuşlardır:

"Rahmân olan Allah'a kulluk yapın, yemek yedirin, selâmı yaygınlaştırın ki cennete selâmetle giresiniz."[192]

Selâm Vermede Öncelik Kime Aittir?

Hz. Peygamber'den [sallallahu aleyhi vesellem] öğrendiğimize göre selâm verirken şu esaslara dikkat etmeliyiz:

"Vasıtayla giden yayaya, yürüyen oturana, sayıca az olanlar kalabalık olan gruba selâm verir."[193]

---

191 Müslim, İmân, 93; Ebû Davud, Edeb, 131; İbn Mâce, Mukaddime, 6; Dârimî, Salât, 156.
192 Tirmizî, Et'ime, 45; Dârimî, Salât, 156.
193 Buhârî, İsti'zân, 4-7; Müslim, Selâm, 1; Ebû Davud, Edeb, 133.

Topluluktan Bir Kişinin Selâmı
Alması veya Vermesi Yeterlidir

Resûl-i Ekrem [sallallahu aleyhi vesellem] grup halinde bulunanlar için bir kişinin selâmını yeterli görmüştür. Nitekim hadis-i şerifte, *"Topluluk bir yere uğradığı vakit içlerinden birinin selâm vermesi yeterlidir. Topluluğa selâm verildiği vakit de selâmı bir kişinin alması yeterlidir"*[194] buyrulmuştur.

Ev Halkına Selâm Verilmelidir

Bütünüyle güzel ahlâktan ibaret olan yüce dinimiz İslâm herhangi bir yere girerken, hatta kendi evine girerken bile habersiz ve izinsiz olarak girilmesini doğru bulmaz. Baskın yapar gibi âniden bir yere girmek insanları rahatsız ve tedirgin eder. Özellikle insanın özel hayatlarının yaşandığı meskenlere izinsiz girmek pek çok mahzura yol açar. Nitekim yarattıklarını en iyi bilen yüce Rabbimiz bu hususta bizi şu âyet-i kerimelerle uyarır:

"Evlere girdiğiniz zaman, Allah tarafından mübarek ve güzel bir yaşama dileği olarak birbirinize selâm verin" (Nûr 24/61).

"Ey iman edenler! Kendi evinizden başka evlere, geldiğinizi farkettirip (izin alıp) ev halkına selâm vermedikçe girmeyin. Bu sizin için daha iyidir; herhalde (bunu) düşünüp anlarsınız. Orada hiç kimse bulamadıysanız, size izin verilinceye kadar oraya girmeyin. Eğer size, 'Geri dönün!' denilirse hemen dönün. Çünkü bu, sizin için daha nezih bir davranıştır. Allah, yaptığınızı bilir" (Nûr 24/27-28).

---

194 Ebû Davud, Edeb, 141.

Allah Teâlâ önemine binaen bizim ayrıntı olarak görebileceğimiz konuda da bizi ikaz etmiş ve devamındaki âyette mealen şöyle buyurmuştur:

"İçinde kendinize ait eşyanın bulunduğu oturulmayan evlere girmenizde herhangi bir sakınca yoktur. Allah, sizin açığa vurduklarınızı da gizlediklerinizi de bilir" (Nûr 24/29).

Ev halkına selâm vermek ayrıca hanedeki bereket ve muhabbetin artmasına vesile olmaktadır. Sahabeden Enes [radıyallahu anh] şöyle demiştir:

Resûlullah [sallallahu aleyhi vesellem] bana,

"Yavrucuğum! Ailenin yanına girdiğinde onlara selâm ver ki sana ve ev halkına bereket olsun" buyurdu. [195]

Kadınlara Selâm Verme Konusu

Esmâ bint Yezîd'den [radıyallahu anhâ] rivayet edildiğine göre:

"Resûlullah [sallallahu aleyhi vesellem] kadınlardan bir topluluğun bulunduğu sırada mescide uğradı ve onlara eliyle işaret ederek selâm verdi."[196]

Bu hadiste Hz. Peygamber'in [sallallahu aleyhi vesellem] mescidin bir köşesinde bulunan kadınlara el işaretiyle birlikte selâm verdiği anlatılmaktadır. Resûl-i Ekrem için fitne söz konusu olmadığından onun kadınlara selâm vermesinde bir mahzur olamaz. Ancak diğer insanlar için durum böyle değildir.

---

195 Tirmizî, İsti'zân, 10.
196 Tirmizî, İsti'zân, 9; Ahmed b. Hanbel, *el-Müsned*, 6/458.

Kadınlara selâm verilmesiyle ilgili bazı hususları maddeler halinde sıralayalım:

- Dinen yabancı sayılan genç yaştaki kadına selâm verilmesi câiz görülmemiştir. Aralarında mahrem bulunmadıkça erkekler kadınlara selâm veremez.

- Erkekler kadınlara, kadınlar erkeklere selâm veremez.

- Kadınlar topluluk halinde iseler, erkek onlara selâm verebilir, onlar da bu selâmı alırlar.

- Bir kadına diğer hanımlar, kendi kocası ve dinen yabancı sayılmayan kişiler (mahremleri) selâm verebilir.

- Yaşlı ve şehvet hissinden kesilmiş kadınlara selâm vermek, onların selâmlarını almak müstehap görülmüştür.

- Kadınların erkeğin verdiği selâmı almaları vâciptir. Ancak selâmı alırken seslerini yükseltmezler.

- Bir erkeğe selâm veren kadın genç yaşta ise erkek onun selâmını kalben alır.

- Erkek veya kadın dilencinin verdiği selâma mukabelede bulunmak şart değildir. Çünkü, dilencinin selâmının selâmdan beklenen asıl gayeden mahrum olması kuvvetle muhtemeldir.[197]

Çocuklara Selâm Verilir

Tâbiîn âlimlerinden Sâbit el-Bünânî [radıyallahu anh] anlatıyor:

---

197 Geniş bilgi için bk. Nevevî, *Riyâzü's-Sâlihîn,* 4/442-443.

Allah Resûlü'nün on yıl hizmetinde bulunmuş olan Enes b. Mâlik [radıyallahu anh] çocuklara rastladığı zaman onlara selâm verir ve, "Resûlullah da böyle yapardı" diye söylerdi.[198] Hz. Peygamber'in [sallallahu aleyhi vesellem] yaşça küçüklere selâm vermesi onlara değer verdiğini ve onları önemsediğini göstermektedir. Çocuklara selâm verilmesi onların dünyalarında çok önemli yankılar yapacaktır. Çocuğa selâm vermek, onun bir birey olarak kabul edilip önemsendiğinin ve saygıdeğer bulunarak muhatap alındığının kendisine hissettirilmesi bakımından son derece önemlidir.

Kimlere Selâm Verilmez

Prensip olarak selâm herkese verilmekle birlikte namaz kılan, Kur'an okuyan, ezan okuyan, ilim yapan, ders yapan, yemek yiyen[199] ve abdest alana o esnada selâm verilmez.

Öte yandan müslümanlara has bir dua olan selâm -orijinal haliyle- gayri müslimlere ve Cenâb-ı Hakk'ın haram kıldığı şeyleri açıktan yapanlara verilmez.[200] Misal olarak içki içen, kumar oynayan kişilere o kötü fiilleri işlerken selâm verilmez. Ancak herhangi bir haramla meşgul değilken selâm verilebilir.

Ayrıca selâm almayan, kendisine selâm verilmesini de istemeyen kimselere selâm vermek gerekmez.

---

198 Buhârî, İsti'zân, 15; Müslim, Selâm, 15; Ebû Davud, Edeb, 136.
199 Selâm verecek kimsenin karnı açsa selâm verebilir.
200 Bu kişilere günlük hayatta kullanılan diğer selâm kalıplarıyla selâm verilir.

Selâm Gönderenin Selâmına Mukabele Edilmelidir

Sahabeden biri Resûlullah'a gelerek, "Ey Allah'ın peygamberi! Babam size selâm söylüyor" dedi. Hz. Peygamber de [sallallahu aleyhi vesellem], *"Allah'ın selâmı senin ve babanın üzerine olsun"* buyurdu.[201]

Allah Resûlü'nün uygulamasından öğrendiğimize göre selâmı gönderen kişinin selâmı alındığı gibi selâmı getiren kişiye de mukabelede bulunulur. Ayrıca yazılı olarak veya elektronik yollarla selâm ileten kişinin aynı şekilde selâmı alınır.

Selâm Verirken Aslolan Sesin Kullanılmasıdır

Hz. Peygamber [sallallahu aleyhi vesellem] ve ashabı selâmlaşırken prensip olarak herhangi bir el veya baş işareti kullanmazlardı.[202]

Selâm verirken işaret, uzakta bulunma veya işitmeye mani durumlarda ihtiyaca binaen kullanılabilir. Sadece müslümanlar haricindeki milletlerin kullandıkları, onların inanç ve uygulamalarını ifade eden bir durum olmadıkça selâmla birlikte el işareti kullanılabilir.[203] Ayrıca

---

201 Ebû Davud, Harâc, 5. Selâm getiren kişiye, "عليك وعليه السلام" deni-lerek mukabelede bulunulabilir.

202 Hz. Peygamber [sallallahu aleyhi vesellem] ashabını o dönemdeki yahudiler gibi sadece parmaklarla işaret veya hıristiyanlar gibi avuç içiyle selâm vermekten sakındırmışlardır (hadis için bk. Tirmizî, İsti'zân, 7.).

203 Dolayısıyla dille selâm verirken elin veya parmakların kullanılması mahzur oluşturmaz (bk. Mansur Ali Nâsıf, *et-Tâcü'l-Câmi' li'l-Usûl fî Ehâdîsi'r-Resûl*, Kahire : Dârü'l-Kitâbi'l-Arabî, 1961, 5/248 [7. dipnot]).

Allah Resûlü'nün mescidde bulunan kadınlar topluluğu-
na el işareti ile selâm vermesi de bu konuda kullanılan
delillerden biridir.[204]

KONUŞMA ÂDABI

Konuşmaya Allah'ın Adını Anarak Başlamalıyız

Resûl-i Ekrem [sallallahu aleyhi vesellem] yaptığımız her
işte Allah adını anarak başlamamızı istemiştir. Dolayı-
sıyla konuşurken de Allah'ın ismini anmamızı istemiş;
O'nun adının zikredilmeden yapılan iş ve konuşmaların
sonlarının hayırlı olmadığını bize bildirmiştir. Nitekim ko-
nuyla ilgili hadislerden biri şöyledir:

*"Allah'ın adını anmadan başlanılan her konuşma ek-
siktir/bereketsizdir."*[205]

Anlaşılır Bir Şekilde ve Tane Tane Konuşmalıyız

Konuşurken sözün açık ve anlaşılır olması esastır.
Resûlullah [sallallahu aleyhi vesellem] konuşurken tane tane
ve herkesin onu anlayabileceği şekilde konuşurlardı.[206]
Hatta Hz. Peygamber'in sözleri, saymak isteyenin sa-
yabileceği şekilde idi. Acele ve telaşlı değildi.[207] Onun
konuşması akıcı ve anlaşılır idi.

---

204 Daha önce zikrettiğimiz hadis için bk. Tirmizî, İsti'zân, 9; Ahmed b.
Hanbel, *el-Müsned*, 6/458.
205 bk. Abdürrezzâk es-San'ânî, *el-Musannef* (nşr. Habîbürrahman el-
A'zam) Beyrut: el-Mektebetü'l-İslâmî, 1403, 6/189; 11/163.
206 Ebû Davud, Edeb, 18.
207 Buhârî, Menâkıb, 23.

Konuşurken Kimseye Rahatsızlık Vermemeliyiz

Müslümanın her işte olduğu gibi konuşması da bir ölçüye göre olmalıdır. Gereğinden fazla bir ses tonuyla veya kavga ediyormuşçasına konuşulmamalıdır. Nazik bir şekilde konuşmak edebe en uygun yoldur. Nitekim Kur'ân-ı Kerîm'de konuşma ile ilgili âyetlerin bazıları şu şekildedir:

"Kullarıma söyle, sözün en güzelini söylesinler" (İsrâ 17/53); *"Yürüyüşünde tabii ol ve sesini alçalt. Şüphesiz ki sözlerin en çirkini merkeplerin sesidir"* (Lokmân 31/19).

Yukarıdaki âyetlerden de anlaşılacağı gibi konuşurken sözün muhtevası da üslubu da önemlidir.

Kalabalık Ortamlarda Dikkatli Bir Şekilde Konuşmalıyız

Günümüzde özellikle insanların bir arada bulunduğu yerlerde -otobüs, minibüs, metrobüs, vapur, tren, uçak ve benzeri toplu taşıma vasıtalarında- konuşurken kimseyi rahatsız etmemelidir. Gerek karşımızdaki muhatapla konuşurken gerekse cep telefonu gibi bir iletişim aracıyla konuşurken insanları rahatsız etmek hem görgü kurallarına aykırıdır hem de kul hakkıdır.

Ses Tonunu Muhataba Göre Ayarlamalıyız

Konuşmada ses tonu ihtiyaca göre veya muhataba göre ayarlanmalıdır. Gereğinden fazla bir ses tonu rahatsızlık verir, gürültü kirliliğine yol açar. Başkalarını rahatsız etmek de kul hakkına girmek demektir. Dolayısıyla bu hususta da çok dikkatli olunmalıdır.

Gereksiz Yere Konuşmamalıyız

Konuşurken gerektiği kadar konuşmalı, lüzumsuz teferruattan kaçınılmalıdır. Nitekim yüce Rabbimiz Kur'ân-ı Kerîm'de müminlerin vasıflarından bahsederken, *"O kimseler boş söz ve işlerden yüz çevirirler"* (Mü'minûn 23/3) buyurmuştur. Allah Resûlü de şöyle buyurmuştur:

"Allah'a ve ahiret gününe iman eden kimse ya hayır konuşsun ya da sussun."[208]

Özür Dilemek Zorunda Kalmamak

Nitekim bu hususta sevgili Peygamberimiz [sallallahu aleyhi vesellem],

"Özür dilemek zorunda kalacağın bir sözü söyleme"[209] buyurmuştur.

Boğazın dokuz boğum olması insanın konuşurken dokuz defa düşünmesi gerektiğine delalet eder. İnsan dokuz defa düşünüp bir defa söylemelidir. Böylelikle kişi, lüzumsuz ve sonunda pişmanlık duyacağı şeyi konuşmaktan kurtulmuş olur.

İnşallah Demek

Yakın veya uzak bir gelecek iş için konuşurken "inşallah", "Allah'ın izniyle yaparım" denilmelidir. Burada Cenâb-ı Hakk'ın iradesini ve kudretini hatırlama söz konusudur. Mümin, bir işin olması için gereken bütün sebeplere sarıldıktan sonra Allah'ın dilemesi ve yarat-

---

208 Buhârî, Edeb, 31, 85.
209 İbn Mâce, Zühd, 15.

masıyla o işin meydana geleceğini bilir. Nitekim Kehf sûresinde bu husus şu şekilde ifade edilmiştir:

"Hiçbir şey için, 'Bunu yarın yapacağım' deme. Ancak Allah dilerse (yapacağım de). Unuttuğun zaman Allah'ı an ve 'Umarım Rabbim beni, doğruya daha yakın olana eriştirir' de" (Kehf 18/23-24).

ÖFKELENMEK

Gerçek Pehlivan Öfke Anında Nefsine Hâkim Olandır

İnsanın fıtratı gereği sevindiği, üzüldüğü ve kızdığı zamanlar olur. Özellikle insan kızdığı zaman nefsi ona galip gelir ve kendisini kontrol edemez. Normal zamanlarda yapmayacağı şeyleri öfkelendiği zaman yapabilir. Anlık öfke ile insan kalp kırmaktan insanlara zarar vermeye, hatta -Allah korusun- onları öldürmeye kadar giden yanlışlar yapabilir.

Öfke esnasında insanın nefsine hâkim olması çok zordur. Hatta bu zorluk o seviyededir ki savaşta düşmanı yenmekten, yarışta rakibini geçmekten ve güreşte pehlivanların sırtını yere getirmekten daha zordur. Nitekim Hz. Peygamber [sallallahu aleyhi vesellem] bu konuda şöyle buyurmuşlardır:

"Güçlü kimse güreşte başkalarını yenen değildir. Asıl pehlivan öfkelenme anında iradesine hâkim olandır." [210]

---

210 Buhârî, Edeb, 76, 102; Müslim, Birr ve Sıla, 106-108; Ebû Davud, Edeb, 3.

Hadisteki ölçüye göre gerçek pehlivan öfke anında nefsine hâkim olandır. Dolayısıyla Hak Teâlâ'nın nazarında itibar kazanmak isteyen kimse nefsine hâkim olmalı ve duygularına yenik düşmemelidir.

Öfke Şeytandandır

Bir adam Resûlullah'a gelip, "Yâ Resûlallah! Bana hayatıma uygulayacağım birkaç kelime öğret (öğüt ver). Unutacağım çok şey söyleme" deyince, Resûlullah [sallallahu aleyhi vesellem], *"Öfkelenme"* buyurdu.[211]

Hadisten öğrendiğimize göre öncelikle öfkelenmemeye gayret edeceğiz. Kendimizi buna göre programlayacağız. Ancak yine de öfkelenirsek sevgili Peygamberimiz'in [sallallahu aleyhi vesellem] şu tavsiyelerine kulak vereceğiz:

İki adam Hz. Peygamber'in huzurunda birbirlerine kötü söz söylediler de birinin gözleri kızarmaya ve şahdamarları şişmeye başladı. Resûlullah [sallallahu aleyhi vesellem],

$$اِنّى لَاَعْرِفُ كَلِمَةً لَوْ قَالَهَا لَذَهَبَ عَنْهُ الَّذى يَجِدُ: اَعُوذُ بِاللهِ مِنَ الشَّيْطَانِ الرَّجِيمِ$$

"Ben bir kelime biliyorum ki (bu adam) onu söylese, bu hal ondan giderdi. (Bu kelime): Kovulmuş şeytandan Allah'a sığınırım (kelimesidir)" buyurdu.[212]

---

211 Mâlik, *el-Muvatta*, Hüsnü'l-Huluk, 3.
212 Müslim, Birr ve Sıla, 109; Ebû Davud, Edeb, 3.

Ebû Zer'den [radıyallahu anh] rivayet edildiğine göre, Resûlullah [sallallahu aleyhi vesellem] şöyle buyurdu: *"Sizden biri ayakta iken öfkelenecek olursa hemen otursun, eğer oturunca öfkesi geçmemişse o zaman da (yere) yatsın."* [213]

"Muhakkak ki öfke şeytandandır ve kuşkusuz şeytan ateşten yaratılmıştır. Ateşi de ancak su söndürür. Sizden biri öfkelendiği zaman abdest alsın." [214]

Yukarıdaki hadislerden öğrendiğimize göre öfkeyi gidermek için "eûzü besmele"yle Cenâb-ı Hakk'a sığınmalı, ayakta ise oturulmalı, oturuluyorsa yatmalı veya mekânı değiştirerek abdest almalıdır.

Öfkeyi Yenmenin Mükâfatı

İnsanî bir durum olan öfkelenmek kontrol altına alınmazsa insanın başına sıkıntı açabilir. Burada öncelikle nefsanî öfke ile Allah için öfkelenmenin farklı olduğunu belirtmekte fayda var. Konumuz insanın nefsanî olarak kızmasıyla ilgilidir.

Âyet-i kerimelerde ve hadis-i şeriflerde öfkesini tutanlar övülmüştür. Kur'ân-ı Kerîm'de öfkeyi yenmek takva sahiplerinin vasıfları arasında zikredilmiştir. Nitekim Âl-i İmrân sûresinde,

"O takva sahipleri ki bollukta da darlıkta da Allah için harcarlar; öfkelerini yutarlar ve insanları affederler. Allah da güzel davranışta bulunanları sever" (Âl-i İmrân 3/134) buyrulmuştur.

---

213 Ebû Davud, Edeb, 3.
214 Ebû Davud, Edeb, 3.

Öfkesini kontrol altında tutanlarla ilgili olarak sevgili Peygamberimiz [sallallahu aleyhi vesellem] şöyle buyurmuştur: *"Bir kimse öfkesinin gereğini yerine getirmeye gücü yettiği halde öfkesini yenerse, kıyamet gününde bütün mahlûkatın önünde Allah onu çağıracak ve onu hûrilerden dilediğini almakta serbest bırakacaktır."*[215]

AKSIRMA ve ESNEME

Aksırdığımızda Ağzımızı Elimizle veya Bir Şeyle Kapatmalıyız

Her türlü edebimizi kendisinden öğrendiğimiz muallimimiz Resûl-i Ekrem Efendimiz [sallallahu aleyhi vesellem] aksırdığımız zaman ne yapmamız gerektiği hususunda şöyle buyurmuşlardır:

"Sizden biri aksırdığı zaman iki avucunu yüzüne koyarak (aksırma) sesini kıssın."[216]

Ayrıca Allah Resûlü aksırdığı zaman elini ve mendilini ağzına götürür ve aksırmadan doğacak ses gibi etkileri azaltırdı.[217] Hz. Peygamber'in [sallallahu aleyhi vesellem] aksırıldığında ağzın el veya peçete vb. şeylerle kapatılmasını tavsiye etmesi tıbbın bugün ulaştığı verilerle de paralellik arzetmektedir. Uzmanların söylediğine göre insan aksırdığı zaman mikroplar etrafa yayılmaktadır. Bu yüzden aksırma esnasında ağzın bir şekilde kapatılması, aksırmadan çıkan sesi asgariye indirdiği gibi mikropların yayılmasına da engel olmaktadır.

---

215 Tirmizî, Birr ve Sıla, 74; Ebû Davud, Edeb, 3; İbn Mâce, Zühd, 18.
216 Tirmizî, Edeb, 6.
217 Ebû Davud, Edeb, 90; Tirmizî, Edeb, 6.

Aksıran Kimse Allah'a Hamdetmelidir

Resûlullah Efendimiz [sallallahu aleyhi vesellem] aksırdığımız zaman "elhamdülillâh" diyerek Allah'a hamdetmemizi tavsiye etmişlerdir.[218] Hayatını Allah ve Resûlü'nün istediği gibi şekillendiren müslüman her anını ibadet hükmünde geçirebilir. Aksırdığında Allah Resûlü'nün tavsiyesine uyarak, "elhamdülillâh" diyen bir mümin hem Allah'a hamd sevabı hem de sünnet sevabı alır. Hz. Peygamber'in öğretmediği başka şekillerde yapılan söz ve davranışlar bize sevap kazandırmaz.

Aksıran Kimseye Dua Edilmelidir

Resûl-i Ekrem [sallallahu aleyhi vesellem] bize hapşırma esnasında neler yapmamız gerektiğini ayrıntılarıyla öğretmişlerdir. Bir hadiste şöyle buyrulmuştur: "*Sizden biri aksırdığında 'elhamdülillâh' desin. (Onu duyan din) kardeşi veya arkadaşı ona 'yerhamükellah' diye mukabelede bulunsun. O da 'yehdîkümullah ve yuslihu bâleküm'*[219] *desin.*"[220]

Ayrıca aksırdığında kardeşine "yerhamükellah" (Allah sana merhamet etsin) diye dua etmek müslümanın müslüman üzerindeki temel haklarından biridir.[221] Dolayısıyla bir mümin hapşırdığında yukarıdaki hadisten öğrendiğimiz gibi kardeşimize dua etmeliyiz.

---

218 Buhârî, Edeb, 126; Tirmizî, Edeb, 3.
219 "Allah sizi hidayetine ulaştırsın ve halinizi düzeltsin" anlamında bir dua.
220 Buhârî, Edeb, 126; Tirmizî, Edeb, 3.
221 Hadis için bk. Buhârî, Cenâiz, 2; Ebû Davud, Et'ime, 1.

Üç Defadan Fazla Aksırana Dua Etmek Gerekmez

Müslümanın kardeşi üzerindeki haklarından biri olan hapşırdığında ona dua etmeyi Peygamber Efendimiz [sallallahu aleyhi vesellem] üçle sınırlandırmışlardır. Bir hadislerinde şöyle buyurmuşlardır: *"Sizden biri aksırdığında yanındakiler ona 'yerhamükellah' desin. Fakat üçten fazla aksırırsa o kimse hastalanmış demektir, üçten sonra ona 'yerhamükellah' demesin."*[222]

Esnemekten Sakınmak

Sevgili Peygamberimiz'den öğrendiğimize göre aksırmak güzeldir, ancak esnemek doğru değildir. Nitekim Resûl-i Ekrem [sallallahu aleyhi vesellem] bu hususta şöyle buyurmuşlardır:

"Şüphesiz ki Allah aksırmayı sever, esnemeyi sevmez. Bir kimse aksırıp 'elhamdülillâh' derse bunu işiten her müslümanın 'yerhamükellah' diye mukabele etmesi gerekir. Esneme ise şeytandandır. Esneyecek kimse elinden geldiği kadar esnemeye mani olsun. Çünkü şeytan 'ah ah' gibi sesler çıkararak esneyenlere güler. "[223]

MİSAFİRLİK ÂDABI

Misafir, "yolcu, yoldan gelen, yola giden, davet veya ziyaret sebebiyle bir başkasının evine giden, konuk" gibi anlamlara gelir. Dinimizde üzerinde önemle durulur. Çünkü misafir yüce Allah'ın bir ikramı olarak değerlendirilir. Mümin olmanın bir gereği olarak hadis

---

222 Ebû Davud, Edeb, 92.
223 Buhârî, Edeb, 125; Tirmizî, Edeb, 7.

kaynaklarımızda geçer. Her işte olduğu gibi misafirlik konusunda da dinimizin koyduğu belli prensipler ve edep kuralları vardır. Misafir ve misafire ikram etmenin usulünü maddeler halinde ve ana hatlarıyla izah edelim.

Misafire İkramda Bulunmak

Dinimize göre misafiri ağırlamak ve ona ikramda bulunmak çok önemlidir. Bu hususta sevgili Peygamberimiz'in [sallallahu aleyhi vesellem] pek çok tavsiyesi bulunmaktadır. Bunlardan biri şudur:

"Kim Allah'a ve ahiret gününe iman ediyorsa misafirine ikramda bulunsun."[224]

Misafire İkram Giyim Kuşamdan Başlar

Müslümanın her zaman güzel giyinmesi önemli olduğu gibi cuma, bayram, düğün vb. özel günlerinin yanında misafiri karşılarken de kılık kıyafetine dikkat etmesi gerekir. Ayrıca ev sahibinin misafiri için hazırlanıp kuşanması misafire ikramdan sayılmıştır.

Resûl-i Ekrem [sallallahu aleyhi vesellem] gündelik hayatta kılık kıyafetine dikkat ettiği gibi ashabını da bu konuda uyarırdı.[225]

Misafirin Duası Makbuldür

Allah Resûlü misafirin duası hakkında şöyle buyurmuşlardır:

---

224 Buhârî, Edeb, 28; Müslim, Birr, 140.
225 Kılık kıyafeti düzgün olmayan birini Hz. Peygamber'in [sallallahu aleyhi vesellem] uyarmasıyla ilgili hadis için bk. Ebû Davud, Libâs, 14.

"Üç kişinin duasının müstecab olacağında şüphe yoktur: Babanın duası, misafirin duası ve mazlumun duası."[226]

Duası makbul üç sınıf insandan biri olan misafirin duasını almak için gayret etmeli, imkânımız ölçüsünde ikram yaparak onu memnun edip duasını almalıyız.

Davetsiz Bir Yere Gidilmemelidir

Hz. Peygamber [sallallahu aleyhi vesellem] davetsiz bir yere gidilmesini uygun görmemişler ve şöyle buyurmuşlardır:

"... Davetsiz olarak bir yere giren kimse hırsız olarak girer, yağmacı olarak çıkar."[227]

Hadisten anlaşıldığına göre bir davete veya bir meclise izinsiz ve davetsiz gidilemez. Davet sahibinin ya hususi ya da umumi bir izni olmadan herhangi bir davete katılmak dinen uygun değildir.

Resûl-i Ekrem [sallallahu aleyhi vesellem] ashaptan birinin davetine giderken peşlerine takılan biri için ev sahibine durumu izah etmiş ve ondan izin istemiştir. Davetli olmayan bu kişi ev sahibinin rızasıyla davete kabul edilmiştir.[228]

---

226 Ebû Davud, Vitir, 29; Tirmizî, Birr ve Sıla, 7; İbn Mâce, Dua, 11; Ahmed b. Hanbel, el-Müsned, 2/258, 305.

227 Ebû Davud, Et'ime, 1.

228 Söz konusu hadis için bk. Buhârî, Büyû', 21.

Davete İcabet Edilmelidir

Mümine düşen, kardeşi tarafından kendisine bir davet ulaştığı zaman ona icabet etmesidir. Müsait değilse mazeretini belirterek katılamayacağını belirtmesi güzel olur. Nitekim sevgili Peygamberimiz [sallallahu aleyhi vesellem] bir hadislerinde şöyle buyurmuşlardır: *"Sizden biriniz (müslüman) kardeşini düğün veya benzeri bir davete çağırdığı zaman, o bu davete icabet etsin."*[229] Ayrıca davete icabet, müslümanın kardeşi üzerindeki temel haklarından biridir.[230] Resûlullah davete icabet etmeyenlerin Allah ve Resûlü'ne isyan etmiş olacaklarını haber vermiştir. [231]

Meşru Olmayan Davetlere İcabet Edilmez

Hz. Peygamber davete icabet etmede çok hassas olduğu halde çağrıldığı her davete katılmamıştır. Rahmet Peygamberi Cenâb-ı Hakk'ın razı olmayacağı davetlere icabet etmemiştir. Resûlullah [sallallahu aleyhi vesellem] hayatı boyunca kibirli insanların lüks kaplar kullanarak yemek yedikleri bir sofrada oturmamıştır.[232]

Yemeklerin En Kötüsü

Rahmet Peygamberi'nden [sallallahu aleyhi vesellem] öğrendiğimize göre yapılan bir davete sadece zengin olanları çağırıp fakirleri küçük görüp çağırmamak müslümana yaraşır bir durum değildir. Özellikle düğün ve benzeri umuma açık davetlerde bu husus çok daha önemlidir.

---

229 Buhârî, Nikâh, 71; Müslim, Nikâh, 100.
230 Hadis için bk. Buhârî, Cenâiz, 2; Ebû Davud, Et'ime, 1.
231 Buhârî, Nikâh, 72; Müslim, Nikâh, 110.
232 Buhârî, Et'ime, 8; Tirmizî, Et'ime, 1.

Nitekim Hz. Peygamber bir hadislerinde şöyle buyurmuşlardır: *"Yemeklerin en kötüsü, zenginlerin çağırılıp da fakirlerin davet edilmediği düğün yemekleridir."* [233]

Toplu yemek vb. organizasyonlara hususi davetler yapılabilir. Fakat burada mahzurlu olan, bazılarını sadece ekonomik veya sosyal statüsünden dolayı dışarıda bırakmaktır. Sadece zenginlerin çağrıldığı bu tür davetlerde Allah'ın rızası ve rahmet nazarı bulunmaz.

Misafirlik Zamanı Ölçülü Olmalıdır

Dinimizde misafire ikram çok önemli olduğu gibi misafirliğin ev sahibi için eziyete dönüşmemesi de önemlidir. Misafire ikram hususunda ısrarla tavsiye eden Peygamber Efendimiz [sallallahu aleyhi vesellem] misafirliğin süresini de belirlemiştir. İmam Tirmizî'nin naklettiği bir hadiste:

"... Ashap, 'Misafirin ikramı nedir?' diye sordular. Resûlullah da [sallallahu aleyhi vesellem], *'Bir gün ve bir gece güzelce ağırlamaktır. Misafirlik üç gün olup üç günden sonrası için misafire ikram etmek sadaka sevabı kazandırır'*[234] şeklinde buyurmuştur." Ayrıca Hz. Peygamber benzer bir hadiste misafirliğin sıkıntıya dönüşmemesiyle ilgili olarak şöyle buyurmuşlardır:

"Misafirlik üç gün ve misafirin (en iyi şekilde) ağırlanması bir gün ve bir gecedir. Bu müddetten sonra ev sahibi misafir için ne harcarsa sadakadır. Misafire ev sahibini daraltıncaya kadar yanında kalması câiz değildir." [235]

---

233 Buhârî, Nikâh, 72; Müslim, Nikâh, 107, 108.
234 Tirmizî, Birr ve Sıla, 43 (nr.1967).
235 Buhârî, Edeb, 31, 85, Rikâk, 37; Müslim, Lukata, 14, 15.

Misafirlik anlayışı örflere ve yörelere göre değişebilir. Ancak burada aslolan kimseye eziyet vermemektir. Dolayısıyla ev sahibi de misafir de ölçülü olursa sıkıntı olmaz veya asgariye iner.

Üç Defa Kapı Çalınır da İzin Verilmezse Geri Dönülür

Misafirliğe gitmenin ve misafir kabul etmenin usul ve âdabını bize öğreten Peygamber Efendimiz [sallallahu aleyhi vesellem] bir hadislerinde şöyle buyurmuşlardır:

"Sizden biri üç defa izin ister de (bir yere girmek için kapı çalar da) kendisine izin verilmezse geri dönsün."[236]

Günümüzde bir başka mekâna girerken izinler genellikle zil çalınarak alınmaktadır. Bir mekâna gidilip zile basıldıktan sonra açılmıyorsa en güzeli geri dönmektir. Şayet kapı zilinin duyulmama endişesi varsa tekrar zil çalınabilir. Aksi halde kapının açılması için ısrarcı olmak doğru değildir. Nitekim âyet-i kerimede şöyle buyurulmaktadır:

"Ey iman edenler! Kendi evinizden başka evlere, geldiğinizi farkettirip (izin alıp) ev halkına selâm vermedikçe girmeyin. Bu sizin için daha iyidir; herhalde (bunu) düşünüp anlarsınız. Eğer evde kimseyi bulamazsanız, yine de size izin verilmedikçe içeriye girmeyiniz. Size, 'Dönün' denirse dönün. Bu, sizi daha çok temize çıkarır. Allah yaptıklarınızı bilir" (Nûr 24/27-28).

Ayrıca şöyle bir durum da söz konusu olabilir. İçeriye girmek için izin istenildiğinde kapı açılabilir, ama evdekiler müsait olmayabilir. Şayet ev sahibi bu durumu güzel-

---

236 Buhârî, İsti'zân, 13; Müslim, Âdâb, 32, 34.

ce ifade ederse anlayışla karşılayıp geri dönmek gerekir. İçeriye alınmamayı da bir onur veya gurur meselesi yapmak âyet ve hadislerin muradına uygun değildir.

YOLCULUK ÂDABI

Arapça'sı "sefer" olan **yolculuk** "herhangi bir maksatla bulunduğu yerden ayrılmak" anlamındadır. Yolculuğun yaklaşık 90 km. gibi bir mesafeye ve belirli bir süreyle gidilmesi dinî bakımdan farklı hükümleri içerir. Mesela, dört rekâtlı farz namazların kısaltılması, cuma ve kurban ibadetlerinin hükmünün farklı olması gibi. Konunun fıkhî boyutunu ilmihal kitaplarına havale ediyoruz. Burada Hz. Peygamber'in yolculukla ilgili emir ve tavsiyelerinden bazılarını paylaşmak istiyoruz.

Seyahat Eden Sıhhat Bulur

Hz. Peygamber [sallallahu aleyhi vesellem] seyahat etmenin faydaları hakkında şöyle buyurmuştur:

"Seyahate çıkın, sıhhat bulursunuz."[237]

Allah Resûlü'nün yukarıdaki mübarek sözlerinden anladığımıza göre seyahate çıkmak insana zâhirî veya manevi faydalar verir. Günümüzde bunun en pratik faydası, bulunduğumuz ortamı değiştirerek stres ve sıkıntı gibi manevi hastalıklardan uzaklaşmak olsa gerektir.

---

237 Ahmed b. Hanbel, *el-Müsned*, 2/380.

Yalnız veya Gece Yolculuk Yapmak Tavsiye Edilmemiştir

Abdullah b. Ömer'den [radıyallahu anhümâ] nakledildiğine göre Resûl-i Ekrem Efendimiz şöyle buyurmuşlardır:

"Eğer insanlar, yalnız başına yolculuk yapmakta ne sakıncalar olduğunu benim kadar bilselerdi, hiçbir binek sahibi yolcu, gece yolculuğuna yalnız çıkmazdı."[238]

Resûlullah [sallallahu aleyhi vesellem] yalnız başına ve gece yolculuğa çıkmayı uygun görmemişlerdir. Günümüzde yolculuk şartları değişmiş olsa da mümkün olduğunca yolculuğa yalnız çıkmamakta fayda vardır. Ayrıca bir zaruret yoksa gece yolculuk yapmak uygun görülmemektedir.

Üç Kişi Yolculuk Yaparsa Biri Başkan Olmalıdır

Her durumda bizi düzenli olmaya sevkeden dinimiz yolculuk hakkında da bazı prensipler vazetmiştir. Bunlardan birini Hz. Peygamber'in [sallallahu aleyhi vesellem] şu hadislerinden öğreniyoruz:

"Üç kişi yolculuğa çıktıkları zaman içlerinden birini başkan seçsinler."[239]

---

238 Buhârî, Cihâd, 135; Tirmizî, Cihâd, 4.
239 Ebû Davud, Cihâd, 80.

Yolculukta Okunacak Dua

Resûlullah Efendimiz [sallallahu aleyhi veselem] yolculu-ğa çıkacakları zaman bazı dualar okurlardı. Bunlardan bir iki tanesini zikredelim.

Resûl-i Ekrem yolculuğa çıkarken bineği üzerine çı-kıp yerleştiğinde üç defa tekbir getirir ve şu âyet-i keri-meyi okurdu:

$$سُبْحَانَ الَّذٖى سَخَّرَ لَنَا هٰذَا وَمَا كُنَّا لَهُ مُقْرِنٖينَ . وَاِنَّا اِلٰى رَبِّنَا لَمُنْقَلِبُونَ$$

"... Bunu bizim hizmetimize vereni tesbih ve takdis ederiz, yoksa biz bunlara güç yetiremezdik, diyesiniz."[240]

Daha sonra ise şu duayı yaparlardı:

$$اَللّٰهُمَّ اِنَّا نَسْاَلُكَ فٖى سَفَرِنَا هٰذَا الْبِرَّ وَالتَّقْوٰى وَمِنَ الْعَمَلِ مَا تَرْضٰى اَللّٰهُمَّ هَوِّنْ عَلَيْنَا سَفَرَنَا هٰذَا وَاطْوِ عَنَّا بُعْدَهُ اَللّٰهُمَّ اَنْتَ الصَّاحِبُ فِى السَّفَرِ وَالْخَلٖيفَةُ فِى الْاَهْلِ اَللّٰهُمَّ اِنّٖى اَعُوذُ بِكَ مِنْ وَعْثَاءِ السَّفَرِ وَكَاٰبَةِ الْمَنْظَرِ وَسُوءِ الْمُنْقَلَبِ فِى الْمَالِ وَالْاَهْلِ$$

---

240 Zuhruf 43/12-13. Bu âyet-i kerimenin tamamının meali şu şekildedir: *"Ki böylece onların (gemi ve diğer bineklerin) sırtına binip üzerlerine yerleşince, Rabb'inizin nimetini anarak, 'Bunu bizim hizmetimize vereni tesbih ve takdis ederiz, yoksa biz bunlara güç yetiremezdik' diyesiniz."*

"Ey Allahım! Bu yolculuğumda senden iyilik ve takva, razı olacağın amelleri yapabilmeyi isterim. Ey Allahım! Bu yolculuğumuzu kolaylaştır ve uzağı bize yakınlaştır. Ey Allahım! Yolculukta yardımcım, geride bıraktığım ailemin koruyucusu sensin. Ey Allahım! Seferin sıkıntılarından, üzücü şeylerle karşılaşmaktan ve döndüğümüzde ailemizde kötü haller görmekten sana sığınırım."

Hz. Peygamber [sallallahu aleyhi vesellem] yolculuktan döndüğünde de yukarıdaki duayı tekrarlar ve şunu ilave ederlerdi:

اٰيِبُونَ تَائِبُونَ عَابِدُونَ لِرَبِّنَا حَامِدُونَ

"Biz yolculuktan dönen, tövbe eden, ibadet eden ve Rabbimiz'e hamdeden kişileriz."[241]

Hz. Peygamber [s.a.v] Perşembe Günleri Yolculuğa Çıkarlardı

Hadis kaynaklarında Resûlullah'ın [sallallahu aleyhi vesellem] sefere genellikle perşembe günü çıktığı, hatta diğer günlerde yolculuğa çıkmasının istisna olduğu ifade edilmektedir. Nitekim hadiste,

"Hz. Peygamber'in, perşembe günü dışında yolculuğa çıktığı pek nadirdir"[242] buyrulmaktadır.

Resûl-i Ekrem'in yolculuk için neden perşembe gününü tercih ettiği ile ilgili çeşitli yorumlar yapılmaktadır.

---

241 Müslim, Hac, 425; Ebû Davud, Cihâd, 72.
242 Buhârî, Cihâd, 103, Ebû Davud, Cihâd, 77.

Bunlardan birinin, *"Amellerin pazartesi ve perşembe günleri Allah'a arzedilmesi"*[243] olduğu ifade edilmektedir.

Yolculuktan Çabuk Dönmek

Ebû Hüreyre'den [radıyallahu anh] rivayet edildiğine göre Resûlullah [sallallahu aleyhi vesellem] şöyle buyurmuşlardır:

"Yolculuk bir çeşit azaptır. Doğru dürüst yiyip içmekten ve uyumaktan sizi alıkoyar. Herhangi biriniz işini bitirince evine dönmekte acele etsin."[244]

Dönüşte Eve Habersiz Gelmemek

Resûlullah [sallallahu aleyhi vesellem] yolculuktan dönerken riayet etmemiz gereken edeple ilgili olarak şöyle buyurmuştur:

"Uzun bir süre ailesinden ayrı kalan kimse, gece vakti ansızın evine girmesin."[245]

Hz. Peygamber [sallallahu aleyhi vesellem] yolculuk sebebiyle ailesinden ayrılan kimsenin haber vermeksizin özellikle de geceleyin âniden evine gelmesini doğru bulmamışlardır. Yolculuğa çıkan bir kimsenin dönüş saatini ailesine haber vermesi en doğru olandır. Ev ahalisinin, aile reisinin veya diğer aile fertlerinin ne zaman döneceklerini bilmeleri haklarıdır. Bu durum aynı zamanda aile fertlerinin hazırlanmalarına fırsat verir. Ev halkının evlerine çeki düzen vermelerine, gelen kişi için hazırlık yapmalarına imkân sağlar.

---

243 Tirmizî, Savm, 43; Ahmed b. Hanbel, *el-Müsned*, 2/268, 329, 484; 5/209.
244 Buhârî, Umre, 19, Cihâd, 136; Müslim, İmâre, 179.
245 Buhârî, Nikâh, 130; Müslim, İmâre, 183.

Yolculuk Dönüşünde Namaz Kılmak

Ashâb-ı kirâmın haber verdiklerine göre:

"Resûlullah [sallallahu aleyhi vesellem], bir yolculuktan döndüğü zaman öncelikle mescide uğrar ve iki rekât namaz kılardı."[246]

Yolculuk dönüşünde en yakın mescidde iki rekât kılmak Resûlullah'ın sünnetine uygun bir davranış olur. Mescidde mümkün olmazsa iki rekât namazı evde kılabiliriz. Ancak Resûl-i Ekrem'in [sallallahu aleyhi vesellem] uygulaması mescidde olmuştur.

MECLİS/OTURMA ÂDABI

Hayatımızı kuşatan dinimiz oturup kalkma, herhangi bir yere girip çıkma gibi sıradan sayılabilecek günlük işlerimize bile bir ölçü ve düzen getirmiştir. İşte bu ölçülere uyduğumuz takdirde günlük olarak sıradan yaptığımız işler niyetimizle birlikte ibadet hükmüne geçecektir. Çünkü Allah Resûlü'nün sünneti âdiyattan/sıradan olan işleri ibadete çeviren bir iksir hükmündedir.

Ashâb-ı kirâm bütün işlerinde Fahr-i Kâinat Efendimiz'i örnek almışlar ve hayatlarıyla bize hem delil hem de kuvvet olmuşlardır.

Sahabenin bir meclise girip çıkma ile ilgili Allah Resûlü'nden bize naklettiklerini maddeler halinde aktarmaya çalışalım.

---

246 Buhârî, Megâzî, 79; Müslim, Tevbe, 53.

Selâm Vermek

Bir meclise giren kişiye düşen öncelikle selâm vermesidir. Selâm vermek sözün başlangıcı olduğu gibi aynı zamanda meclise katılmaya izin ve onayı da ifade eder. Herhangi bir meskene, meclise veya herhangi bir mekâna habersiz ve izinsiz girmek insanları ciddi derecede rahatsız eder. Bu yüzden yüce dinimiz İslâm herhangi bir yere izinsiz ve rastgele girilmesini doğru bulmamıştır. Gidilen bu yer insanların özel hayatlarının yaşandığı yerler ise bu daha da önem kazanmaktadır. Daha önce de konuyla ilgili âyetlere yer verilmişti. Ancak önemine binaen bir âyet-i kerimeyi tekrar gözden geçirelim:

"Ey iman edenler! Kendi evinizden başka evlere, geldiğinizi farkettirip (izin alıp) ev halkına selâm vermedikçe girmeyin. Bu sizin için daha iyidir; herhalde (bunu) düşünüp anlarsınız (Nûr 24/27-28).

Hayırsız Meclisler

Hz. Peygamber [sallallahu aleyhi vesellem] meclislerde dikkat edilmesi gereken edepler hususunda şöyle buyurmuştur: *"Bir mecliste Allah anılmaz, resûlüne salâtü selâm getirilmezse, bu durum o topluluk için bir kusur olur. Allah dilerse onlara azap eder, dilerse onları bağışlar."*[247]

Resûlullah'tan [sallallahu aleyhi vesellem] öğrendiğimize göre oluşturduğumuz her mecliste (önce) Allah'ı anmalı, sonra da Hz. Peygamber'e salâtü selâm getirmelidir. Aksi halde bu meclis Allah'ın hoşnut olmadığı, kusurlu bir meclis olur.

---

247 Ahmed b. Hanbel, *el-Müsned*, 2/432; meclislerde Allah'ın adının anılmasıyla ilgili hadisler için bk. Ebû Davud, Edeb, 26.

Oturma Hakkı

Resûlullah'tan [sallallahu aleyhi vesellem] öğrendiğimize göre bir mecliste oturduğu yerden kalkıp sonra oraya dönen kimsenin kalktığı yere oturma hakkı vardır.[248]

İki Kişinin Arasına Oturulmaz

Bir mecliste otururken iki kişinin arasına oturmak uygun olmaz. Bu hususta sevgili Peygamberimiz [sallallahu aleyhi vesellem] şöyle buyurmuşlardır:

"İzinleri olmadıkça iki kimsenin arasına sokulmak (oturmak) helâl olmaz."[249]

Yollara Oturmanın Hakkı

İnsanların gelip geçtiği yol, geçit ve sokaklara oturmak hoş görülmemiştir. İnsanların ortaklaşa kullandıkları mahalleri meşgul etmek, onların yollarını daraltacak ve rahatlıkla geçişlerine mani olacak şekilde oturmak Hz. Peygamber'in [sallallahu aleyhi vesellem] doğru bulmadığı bir davranıştır. Nitekim Ebû Said el-Hudrî'den [radıyallahu anh] nakledildiğine göre Allah Resûlü,

"Yollar üzerinde oturmaktan sakınınız" buyurdu. Ashâb-ı kirâm,

"Biz yollarda oturmaya mecburuz. Çünkü yollar bizim meselelerimizi konuştuğumuz meclislerimizdir" dediklerinde Resûlullah,

---

248 Müslim, Selâm, 31; Ebû Davud, Edeb, 25; Tirmizî, Edeb, 10.
249 Buhârî, Cum'a, 6, 19; Ebû Davud, Edeb, 21.

"Oturmaktan vazgeçemeyecekseniz o halde yolun hakkını veriniz" buyurdu. Sahabiler,

"Yolun hakkı nedir?" diye sordular. Resûlullah,

"Gözü haramdan korumak, kimseye eziyet etmemek, selâm verenin selâmını almak, iyilikle emretmek, kötülükten sakındırmaktır" buyurdu.[250]

Hadisten anladığımıza göre yollara, sokak ve caddelere oturmak haram değildir. Yalnız buralara oturan kimselerin birtakım hususlara dikkat etmesi gerekir. Ancak Hz. Peygamber'in [sallallahu aleyhi vesellem] ifade buyurdukları esaslara dikkat edilerek yolların hakları verilmiş olacaktır.

Birini Kaldırıp Onun Yerine Oturmak

Câbir b. Semüre'nin [radıyallahu anh] anlattığına göre sahâbe-i kirâm Allah Resûlü'nün huzuruna girdikleri zaman müsait olan boş bir yere otururlardı.[251] Ayrıca bu hususta Resûlullah'ın [sallallahu aleyhi vesellem] doğrudan emirleri de bulunmaktadır. Bir hadiste şöyle buyrulmaktadır:

"Bir kimse diğer bir kimseyi yerinden kaldırıp da oraya kendisi oturmasın. Fakat yer açın ve genişleyin."[252]

---

250 Buhârî, Mezâlim, 22, İsti'zân, 2; Müslim, Selâm, 3, Libâs, 114; Ebû Davud, Edeb, 12.

251 Ebû Davud, Edeb, 14; Ahmed b. Hanbel, *el-Müsned*, 5/91.

252 Buhârî, Cum'a, 20; Tirmizî, Edeb, 9.

Meclislerde Konuşulanlar Emanettir

Hz. Peygamber [sallallahu aleyhi vesellem], iki kişi arasında konuşulanların emanet olup ifşa edilmemesi gerektiğini belirtmişlerdir.[253] İki veya daha fazla kişinin konuştuklarının emanet olmaması için bunun belirtilmesi gerekir. İzin verilmeden özel meclislerde konuşulanları başkalarına aktarmak doğru bir davranış değildir.

Üç Kişiden İkisinin Fısıldaşması

Sevgili Peygamberimiz'den [sallallahu aleyhi vesellem] öğrendiğimize göre üç kişi bulunan bir mecliste iki kişinin üçüncü şahsı dışarıda bırakarak fısıldaşmaları doğru değildir.[254] Bu durum yanlış anlaşılmalara sebep olabilir. Dışarıda bırakılan kişi, "Acaba bu iki kişi benim hakkımda mı konuşuyorlar?" şeklinde çeşitli olumsuz düşüncelere kapı açabilir. Bu yüzden toplu halde otururken insanların yanlış anlaşılmasına sebep olacak durumlardan kaçınmamız yerinde olur.

Kalkarken Dua Okumak

Hz. Peygamber [sallallahu aleyhi vesellem] bir meclisten kalkarken aşağıdaki duayı okumayı tavsiye etmişler ve bunun oradaki işlenen kusurların bağışlanmasına sebep olacağını bildirmişlerdir.[255]

---

253 Buhârî, Edeb, 32; Tirmizî, Birr, 39.
254 Hadis için bk. Buhârî, İsti'zân, 47; Müslim, Selâm, 37, 38; Ebû Davud, Edeb, 23.
255 Ebû Davud, Edeb, 27.

سُبْحَانَكَ اللّٰهُمَّ وَبِحَمْدِكَ اَشْهَدُ اَنْ لَا اِلٰهَ اِلَّا اَنْتَ اَسْتَغْفِرُكَ وَاَتُوبُ اِلَيْكَ

"Ey Allahım! Seni noksan sıfatlardan tenzih eder ve sana hamdederim. Şahitlik ederim ki senden başka ilâh yoktur. Senden bağışlanmamı diler ve sana tövbe ederim."

ZİYARET ÂDABI

Hasta Ziyareti

Hastaları ziyaret çok önemli bir husustur. Hasta olan kişiye moral verdiği gibi ziyaret eden kişiye birçok şey kazandırır. Allah için yaptığı ziyaretten kazandığı sevabın yanında kendi sağlığının şükrünü de bu vesileyle hatırlar. Resûlullah [sallallahu aleyhi vesellem] hasta ziyareti ile ilgili olarak şöyle buyurmuşlardır:

"Bir hastayı ziyaret eden kimse dönünceye kadar cennet yolundadır."[256]

Hastaya Moral Verici Olmalıdır

Ziyaret esnasında hastanın moralini bozucu söz ve işlerden kaçınılmalıdır. Hz. Peygamber [sallallahu aleyhi vesellem] ziyaretlerinde hastanın ihtiyaç ve isteklerini sorardı. Nitekim bir hasta ziyaretinde Allah Resûlü,

"Canın ne istiyor?" diye sordu. Hasta,

---

256 Müslim, Birr ve's-Sıla, 39.

"Buğday ekmeği" dedi. Bunun üzerine Resûl-i Ekrem [sallallahu aleyhi vesellem],

"Kimin yanında buğday ekmeği varsa onu kardeşine göndersin" buyurdu. Daha sonra şöyle buyurdu:

"Hastalarınıza canlarının çektiği şeyleri yediriniz."[257]

Her Derdin Bir Devası Vardır

Hastalıkları ve dertleri yaratan Rabbü'l-âlemîn bunların çarelerini de yaratmıştır. Kula düşen, başına gelen hastalıklara isyan etmeyip tedavisi için çaba sarfetmesidir. Sevgili Peygamberimiz'den [sallallahu aleyhi vesellem] öğrendiğimize göre Allah her derde bir deva yaratmış, her hastalığa bir şifa indirmiştir.[258] Dolayısıyla kul, derdi göndereni unutmadan hastalığının tedavisini arayacaktır.

Bu hadiste aynı zamanda bilime ve araştırmaya teşvik vardır. Bazı hastalıkların tedavisi henüz olmayabilir. Ama müslüman bilim adamları Allah Resûlü'nün bu sözünden yola çıkarak araştırmalarını sürdürmeli ve henüz tedavisi olmayan hastalıkların çözümü için ellerinden geleni yapmaya çalışmalıdırlar.

Tedavisi olmayan dertlere istisna olarak ihtiyarlık sayılabilir. Onun haricinde her derdin devası olduğu ayrıca şu hadiste ifade edilmiştir: *"Ey Allah'ın kulları! Tedavi olunuz. Çünkü Allah yarattığı her hastalık için mutlaka bir şifa (deva) yaratmıştır. Ancak bir dert müstesna."* "O nedir yâ Resûlallah? " dediklerinde, *"İhtiyarlıktır"* buyurdular.[259]

---

257 İbn Mâce, Cenâiz, 1.
258 Hadis için bk. Buhârî, Tıb, 1; Müslim, Selâm, 69.
259 Tirmizî, Tıb, 2; Ebû Davud, Tıb, 1.

Her Hastalıkta Manevi Bir Kazanç Vardır

Hiç kimse hasta olmayı ve dert çekmeyi istemez. Ancak hastalık başa gelince tedavi için elinden geleni yaptıktan sonra de sabretmek gerekir. Mümin sağlığına şükrettiğinde sevap kazandığı gibi başına hastalık, dert vb. sıkıntılar geldiğinde de sabrederek sevap kazanmaya devam eder. Bu hastalığa veya sıkıntıya sabretmek günahlara kefâret olur. Nitekim sevgili Peygamberimiz [sallallahu aleyhi vesellem] ashabıyla bir sohbetlerinde şöyle buyurmuşlardır:

"Allah, eziyet veren hastalık ve bunların dışında sıkıntılara uğrayan müslümanın günahlarını ağaçların yapraklarını döktüğü gibi döker."[260]

"Müminin başına ağrı, yorgunluk, hastalık ve hüzünden tutun da (küçük bir) kedere kadar ne gelirse, bunlar o müminin günahlarına kefâret olur. "[261]

Hastaya Dua Edilmelidir

Hz. Peygamber [sallallahu aleyhi vesellem] hastaları ziyaret ettiğinde iyileşmeleri için onlara çeşitli dualar okurlardı. Bu dualardan biri şudur:

Hz. Âişe annemizden nakledildiğine göre Resûlullah [sallallahu aleyhi vesellem] aile fertlerinden biri hastalandığında sağ eliyle hastayı mesheder ve şöyle dua ederdi:

---

260 Buhârî, Merdâ, 13.
261 Müslim, Birr ve Sıla, 52.

اَذْهِبِ الْبَأْسَ رَبَّ النَّاسِ اِشْفِ اَنْتَ الشَّافِى لَا شِفَاءَ اِلَّا

شِفَاؤُكَ شِفَاءً لَا يُغَادِرُ سَقَمًا

*"Ey tüm insanların Rabb'i olan Allahım. Benden bu sı-
kıntıyı gider. Yegâne şifa verici sensin. Senin şifandan baş-
ka şifa yoktur. Bana hiç hastalık bırakmayacak bir şifa ver."*[262]

Resûl-i Ekrem [sallallahu aleyhi vesellem], hastalara ken-
dilerinin okumaları için de dua öğretmiştir. Onun tavsiye
ettiği dualardan biri şudur:

*"Elini vücudunun ağrıyan yerine koy ve üç defa 'bis-
millâh' de. Yedi defa da,*

اَعُوذُ بِاللهِ وَقُدْرَتِهِ مِنْ شَرِّ مَا اَجِدُ وَاُحَاذِرُ

*'Hissettiğim ve sakındığım ağrının şerrinden Allah'a
ve kudretine sığınırım' de!"*[263]

Hasta Ziyareti Kardeşlik Haklarındandır

İnsan hastalandığı zaman acziyet ve yalnızlık his-
seder. Bu durumdaki bir kişiyi ziyaret ona moral verir.
Sevgili Peygamberimiz [sallallahu aleyhi vesellem], bir mü-
minin hastalandığında ziyaret edilmesini tavsiye etmiş[264]
ve bunu müslümanın kardeşi üzerindeki haklarından biri
olarak saymıştır.[265] Dolayısıyla biz de mümkün oldukça
ca hastaları ziyaret etmeliyiz.

---

262 Buhârî, Merdâ, 20; Müslim, Selâm, 46; İbn Mâce, Tıb, 36.
263 Müslim, Selâm, 67; Ebû Davud, Tıb, 19.
264 Buhârî, Et'ime, 1; Dârimî, Siyer, 62.
265 Hadis için bk. Buhârî, Cenâiz, 2; Ebû Davud, Et'ime, 1.

Ziyaret Kısa Olmalıdır

Hasta ziyaretinin zamanı iyi ayarlanmalıdır. Hastayı gereğinden fazla yoracak veya onu sıkıntıya sokacak kadar uzun olmamalıdır. Hasta ziyaretinden maksat Allah rızası için onun hatırını sormak, bir ihtiyacı varsa onu gidermektir. Bunun haricinde hastanın yanında uzun süre kalmak hastaya eziyet verebilir. Bu sebeplerden dolayı, "Ziyaretin kısası makbuldür" denebilir.

Hasta Ziyaretine Giden Cennet Bahçelerine Girer

Hasta ziyaretine dinimiz çok önem vermiş ve bu hususta tavsiyelerde bulunmuştur. Hasta ziyaretinin önemi ve fazileti hakkında sevgili Peygamberimiz [sallallahu aleyhi vesellem] şöyle buyurmuşlardır:

"Hasta ziyaretine giden dönünceye kadar cennet bahçelerindedir."[266]

CENAZE ÂDABI

Ölümü Hatırlamak İnsanı Gafletten Uyandırır

Ölümden bahsetmek, ona hazırlanmak her mümin için gereklidir. Öleceğinin farkında olan insan kendisini ona hazırlar. Nitekim sevgili Peygamberimiz [sallallahu aleyhi vesellem] şöyle buyurmuşlardır:

"Lezzetleri yok eden ölümü çokça hatırlayın."[267]

---

266 Müslim, Birr ve Sıla, 39; Mâlik, *el-Muvatta*, Ayn, 17.
267 Tirmizî, Zühd, 4; Nesâî, Cenâiz, 3.

Ölmek Üzere Olan Kişiye Kelime-i Tevhidi Telkin Etmek

Resûl-i Ekrem Efendimiz [sallallahu aleyhi vesellem] son nefesle ilgili olarak şöyle buyurmuşlardır:

"Kimin son sözü, 'lâ ilâhe illallah' (Allah'tan başka ilâh yoktur) olursa, o kişi cennete girer."[268]

Bir kişinin sonunun, âkıbetinin belirleyici olması dolayısıyla Hz. Peygamber [sallallahu aleyhi vesellem] ölmek üzere olanlara yardımcı olmak amacıyla şöyle buyurmuşlardır:

"Ölmek üzere olanlarınıza 'lâ ilâhe illallah' demeyi telkin ediniz."[269]

Son nefeste aslolan kelime-i tevhid üzere ölmektir. Ölmek üzere olan kişinin yakınları kelime-i tevhidi hatırlatırlar, ancak söylemesi için ısrarcı olmazlar. Kişi kelime-i tevhidi dille söylemeye muktedir olamayabilir. Ancak burada önemli olan tevhid ve şehadet üzere vefat etmektir.

Ölen Kişinin Gözleri Kapatılır

Ümmü Seleme'den [radıyallahu anhâ] rivayet edildiğine göre o şöyle dedi:

"Resûlullah [sallallahu aleyhi vesellem], (vefat etmiş olan) Ebû Seleme'nin yanına girdi. Gözleri açık kalmıştı, onları kapattı. Sonra şöyle buyurdu:

'Ruh çıkınca gözler onu takip eder ...'

---

268 Ebû Davud, Cenâiz, 20.
269 Müslim, Cenâiz, 1, 2; Ebû Davud, Cenâiz, 16; Tirmizî, Cenâiz, 7.

Tam bu esnada Ebû Seleme'nin aile fertlerinden bazıları feryat ederek ağlamaya başladılar. Bunun üzerine Hz. Peygamber [sallallahu aleyhi vesellem],

'Kendinize hayırdan başka bir şeyle dua etmeyin. Çünkü melekler dualarınıza âmin derler' buyurdu ..."[270]

Ölülerinize Yâsîn Okuyunuz

Resûlullah [sallallahu aleyhi vesellem] bir hadislerinde şöyle buyurmuşlardır:

"Ölülerinize Yâsîn okuyunuz."[271]

Hz. Peygamber'in yukarıdaki hadisteki "ölüleriniz" ifadesinden kastın ölmek üzere olanlar veya ölmüş olanlar şeklinde anlaşıldığı ifade edilmektedir. Bu durumda ölmek üzere olanlara veya daha önce vefat etmiş kişilere Yâsîn sûresi okunabileceği sonucu çıkmaktadır.

Ayrıca büyük hadis âlimi Ahmed b. Hanbel'in kaydettiği bir hadiste Resûlullah [sallallahu aleyhi vesellem] şöyle buyurmuştur:

"... Yâsîn sûresi Kur'an'ın kalbidir. Kim onu Allah'ın rızasını ve ahiret yurdunu isteyerek okursa muhakkak bağışlanır. Ölülerinize Yâsîn sûresi okuyunuz."[272]

Cenaze Bekletilmemelidir

Resûl-i Ekrem [sallallahu aleyhi vesellem] cenazenin bekletilmemesi hususunda şöyle buyurmuşlardır:

---

270 Müslim, Cenâiz, 7.

271 Ebû Davud, Cenâiz, 19-20; İbn Mâce, Cenâiz, 4; Ahmed b. Hanbel, *el-Müsned*, 5/26, 27.

272 Ahmed b. Hanbel, *el-Müsned*, 5/26.

"Bir müslümanın cenazesini ailesinin yanında bekletmek uygun değildir." [273]

Cenazeyi definde acele etmek müstehaptır.[274] Günümüzdeki uzak yerdeki akrabalarını beklemek veya benzeri zorunlu olmayan bir sebeple cenazeyi geciktirmek sünnete uygun bir davranış değildir. Hz. Peygamber'in [sallallahu aleyhi vesellem] ifade buyurdukları gibi ölen kişi bir an önce yerine kavuşmak ister.[275]

Ölen Kişinin Borçları Ödenmelidir

İnsan, hayatının ne zaman sonlanacağını bilmez. Ancak insan ölüme ve ahirete daima hazırlıklı olmalıdır. Ahirete hazırlıkla alakalı hususlardan biri de borçlardır. Sevgili Peygamberimiz [sallallahu aleyhi vesellem] borç altında ezilmekten Allah'a sığınırlardı. Mümin de gereksiz harcamalardan kaçınarak borç altına girmemeye çalışır ve borçlu olarak ölmekten sakınır. Hz. Peygamber borçlu olarak ölenler hakkında şöyle buyurmaktadır:

"Müminin ruhu, borcu ödeninceye kadar bağlı kalır." [276]

Borçlu olarak ölen bir müminin borcu hemen ödenmelidir. Şayet geride malı varsa borcu buradan karşılanır. Ölen kişi geriye mal bırakmamışsa bu borç beytülmâl denen devlet bütçesinden karşılanır. Borç ödeme işlemi mümkünse acilen yapılmalıdır. Aksi durumda hak sahipleriyle görüşerek cenaze işlemlerinden sonra öde-

---

273 Ebû Davud, Cenâiz, 34.
274 Buhârî, Cenâiz, 51.
275 Buhârî, Cenâiz, 50, 51, 52.
276 Tirmizî, Cenâiz, 74.

neceği bildirilerek helâllik alınmalıdır. Ölen kişinin borcunu ödemek ruhunun serbest kalmasına, yani kabir âlemi sıkıntılarından kurtulmasına sebeptir.

Ölen Kişinin Halini Gizlemek

Hz. Peygamber [sallallahu aleyhi vesellem] ölünün özel hallerinin gizlenmesini tavsiye etmişlerdir. Özellikle cenazeyi yıkayan kişinin bu konuda çok dikkatli olması gerekmektedir. Cenazenin renginin kararması veya benzeri olumsuz durumları açıklaması ölünün yakınlarının üzüntüsünü artırır. Ayrıca ölünün manevi olarak durumunun kötü olduğu hakkında olumsuz kanaatlerin artmasına yol açabilir. Bu yüzden Allah Resûlü müminin vefatından sonra bile kusurlarını gizleyenlerle ilgili şu müjdeyi vermiştir:

"Bir cenaze yıkayıp da onda gördüğü hoş olmayan durumları gizleyen kimseyi Allah kırk kere bağışlar ..." [277]

Hz. Peygamber [sallallahu aleyhi vesellem] ayrıca cenazelerin emin kimseler tarafından yıkanmasını tavsiye etmiştir. [278]

Cenazeye Katılmak Kardeşlik Haklarındandır

Bir mümin vefat ettiğinde onun cenazesine katılmak müslümanın kardeşi üzerindeki beş temel haktan biridir.[279] Cenaze namazı kılmak farz-ı kifâyedir. Eğer bir müminin cenazesi ortada kalır, onun cenazesiyle kimse ilgilenmez ve namazı kılınmazsa bütün müslümanlar bu durumdan sorumlu olur.

---

277 Hâkim, *el-Müstedrek*, 1/505.

278 Müslim, Cenâiz, 7.

279 Hadis için bk. Buhârî, Cenâiz, 2; Ebû Davud, Et'ime, 1.

Cenaze Namazı Kılmak

Mümin, Allah katında çok kıymetlidir. Hayatta iken hürmete layık olduğu gibi vefat ettikten sonra da hürmete layıktır. Allah Resûlü bir hadislerinde şöyle buyurdular: *"Bir cenazeye katılıp da namazını kılan kimse bir kırat (sevap) kazanır. Cenaze namazını kılıp da kabre götürülüp defnedinceye kadar bulunana iki kırat (iki kat sevap) vardır."* Ashâb-ı kirâm tarafından soruldu:

"Ey Allah'ın peygamberi! İki kırat ne kadardır?"

"En küçüğünün sağlayacağı sevap Uhud dağı gibidir."[280]

Cenaze Sükûnetle Taşınmalıdır

Cenazeyi acele ve telaşla taşımak doğru değildir. Resûlullah [sallallahu aleyhi vesellem] süratle bir cenazenin götürüldüğünü görünce,

"Sükûnetle gidiniz"[281] buyurdu.

Cenazeyi takip ederken de sükûnet asıldır. Cenaze defnedilinceye kadar lüzumsuz konuşmak, yüksek sesle zikir yapmak veya yüksek sesle Kur'an okumanın sünnette yeri yoktur. Cenazeyi takip esnasında ve defin işlemleri sırasında dua ve tefekkür etmek yerinde olur.[282]

---

280 Buhârî, Cenâiz, 59; benzer bir hadis için bk. Nesâî, Cenâiz, 54.

281 İbn Mâce, Cenâiz, 15.

282 Cenazeye katılmanın hükmü ve diğer konularla ilgili bilgi için bk. Cezîrî, Abdurrahman b. Muhammed, *el-Fıkh ale'l-Mezâhibi'l-Erbaa*, Kahire: Dârü'l-Kitâbeti'l-Arabî, ts., 1/532 vd.

Cenazeyi Üç Şey Takip Eder

Enes b. Mâlik'ten [radıyallahu anh] rivayet edildiğine göre, Resûlullah [sallallahu aleyhi vesellem] şöyle buyurmuştur:

"Cenazeyi üç şey takip eder, (sonra) ikisi geri döner, biri cenaze ile kalır. Ailesi, malı ve ameli, ölen kimse ile birlikte gider. Sonra malı ve ailesi geri döner, ameli ise cenazeyle birlikte kalır."[283]

Resûl-i Ekrem'in [sallallahu aleyhi vesellem] veciz bir şekilde ifade buyurdukları gibi insan için dünya hayatı üç esasa dayanır: Ailesi, kazandıkları ve yaptıkları. Kişiyi, öldükten sonra ailesi ve kazandıkları/malı en fazla kabre kadar takip eder. Kabirde onunla yoldaşlık yapacak olan ise amelleridir. Kabirde/berzah âleminde geçer akçe salih ameldir. Orada insanın ameline göre "kabir ya cennet bahçesidir ya da cehennem çukurudur."[284]

Kümeyl b. Ziyâd'dan nakledildiğine göre Hz. Ali [radıyallahu anh] bir kabristana uğradığında onlara şöyle hitap etmiştir:

- Ey kabir ehli! Sizin tarafta haberler nasıl?

- Bizim tarafta:

- Mallarınız paylaşıldı.

- Evlatlar yetim kaldı.

- Hanımlarınız başkalarıyla evlendiler.

- Bunlar bizim tarafta olup bitenler. Acaba sizin tarafta durumlar nasıl?

---

283 Tirmizî, Zühd, 46.
284 Tirmizî, Kıyâmet, 26.

Sonra Hz. Ali bana dönerek,

- Ey Kümeyl! Şayet onların konuşmalarına izin veril-seydi kesinlikle şöyle söylerlerdi:

- (Ey müminler ahiret için) azık edinin. Bilin ki en ha-yırlı azık takvadır, dedi.[285]

Sonra Hz. Ali ağladı ve bana,

- Ey Kümeyl! Kabir amel sandığıdır. Ölüm esnasında ise (gerçek) haber sana gelir, dedi.[286]

Vefat Eden Müminler Hakkında Yapılan Hüsn-i Şehadet Makbuldür

Müslümanların yaşayan kişiler hakkındaki şehadetle-ri makbul olduğu gibi ölmüş kişiler hakkındaki şahitlikleri de makbuldür. Hz. Peygamber [sallallahu aleyhi vesellem] bir hadislerinde şöyle buyurmuşlardır: *"Bir müslümanın ce-nazesine dört kişi katılır da onu hayırla anarlarsa Allah [cel-le celâluhû] onu cennetine koyar."* Sahâbe-i kirâm sordular:

- Üç kişi hayırla anarsa?

- *Üç kişi de hayırla anarsa (cennetliktir).*

- İki kişi hayırla anarsa?

- *İki kişi de hayırla ansa (cennetliktir).*[287]

Müminlerin şahitliklerinin Allah Teâlâ katında mak-bul olduğuyla ilgili diğer bir hadisin son kısmı şöyledir:

---

285 Bakara 2/197.
286 Ahmed b. Mervân ed-Dîneverî, *el-Mücâlese ve Cevâhirü'l-İlm* (nşr. Ebû Ubeyde Meşhûr b. Hasan Âlü Selmân), Beyrut 1419, 2/148.
287 Buhârî, Cenâiz, 86.

"... Önce geçen cenazeyi hayırla andınız; bu sebeple onun cennete girmesi kesinleşti. Sonrakini de kötülükle andınız; onun da cehenneme girmesi kesinleşti. Çünkü siz müminler, yeryüzünde Allah'ın şahitlerisiniz."[288]

Ayrıca Hz. Peygamber [sallallahu aleyhi vesellem] vefat etmiş kimselerin güzel hasletlerini zikretmek hakkında,

"Ölülerinizi hayırla yâdediniz"[289] buyurmuştur.

Mezar Başında Ölen Kimseye Dua Etmek

Hz. Peygamber [sallallahu aleyhi vesellem] ashaptan biri defnedildikten sonra kabri başında durdu ve şöyle buyurdu:

"Kardeşinizin bağışlanmasını isteyiniz ve Allah'tan ona muvaffakiyetler dileyiniz. Çünkü o şu anda sorgulanmaktadır."[290]

Resûlullah Efendimiz [sallallahu aleyhi vesellem] ashabını vefatından sonra da yalnız bırakmamış, ona dua ederek destek olmuştur. Bizlere de ölen kardeşlerimize nasıl davranmamız gerektiğini öğretmişlerdir. Ölümle başlayan berzah hayatında en önemli mesele kabir sualidir. Resûl-i Ekrem müminlere bu hususta destek verilmesini tavsiye etmektedir. Buradan anlaşılmaktadır ki ölen kişiye salih insanların ve diğer müminlerin duaları, onun hakkında bağışlanma dilemeleri o kişiye fayda verir.

---

288 Buhârî, Cenâiz, 86; Müslim, Cenâiz, 60.
289 Tirmizî, Cenâiz, 34; Nesâî, Cenâiz, 51.
290 Ebû Davud, Cenâiz, 69.

TÂZİYE ÂDABI

Tâziye bir yakını vefat eden kimseyi teselli etme, rahatlatma, baş sağlığı dileğinde bulunma, acılara karşı sabırlı ve dirençli olmayı tavsiye etme anlamında kullanılmaktadır. Tâziye ziyareti bizzat yapılabildiği gibi vefat eden kişilerin yakınlarıyla iletişim kurarak da yapılabilir.

Hz. Peygamber [sallallahu aleyhi vesellem] yakınlarına ve ashabına tâziyede bulunmuştur. Hanım sahabilerden Ümmü Seleme'nin [radıyallahu anhâ] eşi Ebû Seleme vefat edince şöyle dua ettiler:

"... Allahım! Ebû Seleme'yi affet. Derecesini hidayete ermişler seviyesine yükselt. Geride bıraktıkları için de sen ona vekil ol. Ey âlemlerin Rabb'i! Bizi de onu da bağışla! Kabrini genişlet ve onun için nurlandır."[291]

Ölen Kişi Adına Sadaka Vermek

Hz. Âişe'den [radıyallahu anhâ] rivayet edildiğine göre Hz. Peygamber'e bir adam gelerek,

"Annem âniden vefat etti. Öyle zannediyorum ki şayet annem konuşabilseydi, sadaka verilmesini vasiyet ederdi. Şimdi ben onun adına sadaka versem sevabı ona ulaşır mı?" diye sordu. Resûlullah da [sallallahu aleyhi vesellem],

"Evet" buyurdu.[292]

---

291 Müslim, Cenâiz, 7.
292 Buhârî, Cenâiz, 95; Müslim, Zekât, 51,

Hadisten öğrendiğimize göre anne, baba veya diğer yakınlarımız adına sadaka verilebilir. Ve bunların sevabı da onlara ulaşır. Bu durum hem ölen kişi için hem de yakınları için bir rahmettir. Aslolan kişinin hayatta iken gereken salih amelleri yapmasıdır. Ancak kul noksansız olmayacağına göre böyle bir kapının açık olması da en azından ümitlerin devam etmesine bir sebeptir.

Cenaze Evine Yemek Göndermek

Bir yakınını kaybetmiş kimseye bu en zor ve sıkıntılı zamanlarında destek olmak ve sıkıntısını paylaşmak gerekir. Böyle kimselere tâziyede bulunulduğu gibi onun cenaze işlemlerine de yardımcı olmak kardeşlik ahlâkındandır. Ayrıca sevdiği kimsenin ayrılık acısıyla meşgul olduğu sırada yemek ve benzeri hizmetlerle uğraşmak kişiye sıkıntı verebilir. Bu yüzden yakınlardan başlamak üzere komşulara ve dostlara düşen vazifelerden biri de hane halkı ve tâziye için gelecek misafirlerin yemek, konaklama ve benzeri hizmetlerine yardımcı olmaktır. Nitekim Resûl-i Ekrem [sallallahu aleyhi vesellem] amcasının oğlu Cafer-i Tayyâr'ın [radıyallahu anh] şehadet haberini alınca,

"Cafer'in ailesi için yemek yapınız. Çünkü onların başına kendilerini meşgul edecek bir iş gelmiştir/onlar yemek yapacak durumda değiller" buyurmuştur.[293]

---

293 Ebû Davud, Cenâiz, 25, 26.

KABİR ZİYARETİ

Ahiret hayatına geçişte bir köprü hükmünde olan kabir hayatı, insan için önemli bir evredir. Kabir ziyareti insana ölümü ve yaşanılan dünya lezzetlerinin geçici olduğunu sessiz, sözsüz fakat çok etkili bir şekilde hatırlatır. Nitekim Resûl-i Ekrem [sallallahu aleyhi vesellem], *"Lezzetleri acılaştıran ölümü çokça anın"*[294] buyurmuştur.

Ahireti Hatırlatır

Kabir ziyareti ahireti hatırlatır. İnsana, dünyanın süs ve meşgalelerinin geçici olduğunu ikaz eder. Hz. Peygamber [sallallahu aleyhi vesellem] kabir ziyaretinin önemi hakkında şöyle buyurmuşlardır:

"Kabir ziyaretini yasaklamıştım; artık kabirleri ziyaret edebilirsiniz. Çünkü onlar size ahireti hatırlatır."[295]

Kabir Ziyaretinde Selâm Verilir

Sahabeden biri Resûlullah'a [sallallahu aleyhi vesellem] gelerek,

"Aleyke's-selâm yâ Resûlallah!" diye selâm verince Hz. Peygamber,

"Aleyke's-selâm diye selâm verme; çünkü bu, ölülere verilen selâmdır" buyurdu.[296]

Bu hadisten anladığımıza göre hayatta olanlara selâm verildiği gibi ölmüş olanlara da selâm verilir. An-

---

294 Tirmizî, Kıyâmet, 26, Zühd, 4; Nesâî, Cenâiz, 3; İbn Mâce, Zühd, 31.
295 Müslim, Cenâiz, 36, Edâhî, 37; Ebû Davud, Cenâiz, 75; Tirmizî, Cenâiz, 60.
296 Ebû Davud, Libâs, 24; Tirmizî, İsti'zân, 27.

cak ölülere verilen selâm farklıdır. Nitekim Allah Resû-
lü vefat etmiş ashabını ziyarete gittiğinde onlara selâm
verirlerdi. Hz. Peygamber'in [sallallahu aleyhi vesellem] kabir
ehline selâmı şu şekildedir:

اَلسَّلَامُ عَلَيْكُمْ اَهْلَ الدِّيَارِ مِنَ الْمُؤْمِنِينَ وَالْمُسْلِمِينَ وَاِنَّا اِنْ
شَاءَ اللّٰهُ لَلَاحِقُونَ اَسْاَلُ اللّٰهَ لَنَا وَلَكُمُ الْعَافِيَةَ

*"Selâm size ey bu diyarın mümin ve müslüman olan
halkı! Allah'ın izniyle yakında biz de size katılacağız. Al-
lah'tan kendimize ve size afiyet/bağışlanma dilerim."*[297]

Kabir Azabından Allah'a Sığınmak

Resûlullah [sallallahu aleyhi vesellem] daima Allah'a ta-
zarru ve yakarış halinde bulunurlardı. Bu dualarında yer
alan hususlardan biri de kabir azabından Allah'a sığın-
maktı. Resûl-i Ekrem'in ashabına bu konuda tavsiye et-
tiği dualardan biri şudur:

اَللّٰهُمَّ اِنِّى اَعُوذُ بِكَ مِنْ عَذَابِ جَهَنَّمَ وَمِنْ عَذَابِ الْقَبْرِ وَمِنْ
فِتْنَةِ الْمَحْيَا وَالْمَمَاتِ وَمِنْ شَرِّ فِتْنَةِ الْمَسِيحِ الدَّجَّالِ

*"(Sizden biri Tahiyyat'ı okuduktan sonra dört şeyden
Allah'a sığınarak şöyle dua etsin:) Ey Allahım! Cehennem
azabından, kabir azabından, hayat ve ölüm fitnesinden,
deccâlin fitnesinden sana sığınırım."*[298]

---

297 Müslim, Tahâret, 39, Cenâiz, 104; Nesâî, Cenâiz, 103.
298 Müslim, Mesâcid, 128, 130, 134; Ebû Davud, 149, 179.

Kabirlere Ağaç Dikmek

Abdullah b. Abbas'ın [radıyallahu anh] naklettiğine göre, Resûlullah [sallallahu aleyhi vesellem] iki kabrin yanına uğradı ve, *"Dikkat edin, bunlar muhakkak azap görüyorlar. Hem de büyük bir şeyden dolayı azap görmüyorlar. Bunlardan biri koğuculuk yapardı; diğeri de bevlinden sakınmazdı"* buyurdular. Sonra da yaş bir hurma dalı isteyerek onu ikiye ayırdılar ve birini kabrin birine, diğerini de ikinci kabrin üzerine diktiler ve, *"Umulur ki bu dallar kurumadıkça onların azapları hafifletilir"* buyurdular.[299]

Müminler hayatta iken güzel bir çevrede yaşadığı gibi vefat ettikten sonra da güzel ve temiz bir ortamda yaşamaya layıktır. Çünkü Allah katında müminin ölüsü de kıymetlidir. Bu yüzden olsa gerek ecdadımız kabristanları ağaçlarla donatmıştır. Ancak burada önemli bir husus kabristanın bakımında aşırıya ve israfa kaçmamaktır. Kabirlerde sadelik esastır.

KABİRLERİ ZİYARET ÂDABI

• Ziyaret ettiği kimsenin kabrine sanki o hayattaymış ve onunla konuşuyormuş gibi yüzünü dönerek yaklaşmalı ve mümkünse ayakta durmalıdır.

• Allah Teâlâ mümine hayatta iken kıymet verdiği gibi vefat ettikten sonra da kıymet vermektedir.[300] Cenaze giderken ayağa kalkılması, ölülere selâm verilmesi ve kabirlerinin çiğnenmemesi hep bu sebeptendir. Ayrıca

---

299 Müslim, Tahâret, 111.
300 bk. Mâlik, *el-Muvatta*, Cenâiz, 15.

kabirleri çiğnemek ve mezarların üstüne oturmak mekruh kabul edilmiştir.[301]

• Kabre karşı namaz kılmak mekruhtur. Kabirler mescid edinilemez.[302]

• Kabirlerde mum dikilmesi ve yakılması israf sayıldığından câiz görülmemiştir.[303]

• Kabirde ziyaretle bağdaşmayan edep dışı ve boş söz söylemekten, kibirlenip çalım satarak yürümekten sakınmak ve mütevazi bir durumda bulunmak gerekir.[304]

• Kabirlere, küçük ve büyük abdest bozmaktan sakınmak gerekir.[305]

• Kabristanın yaş ot ve ağaçlarını kesmek mekruhtur.

• Kabir yanında kurban kesmek Allah için kesilse bile mekruhtur. Hele ölünün rızasını kazanmak ve yardımını elde etmek için kesilmesi kesinlikle haramdır. Çünkü kurban kesmek ibadettir; ibadet ise yalnız Allah'a mahsustur.

• Kabirler Kâbe tavaf edilir gibi dolaşılıp tavaf edilmez.

• Ölülerden yardım için mezar taşlarına bez, mendil, paçavra ve benzeri şeyler bağlamak kişiye bir fayda sağlamaz. Kabirlere bunları bağlamak bid'attır.

301 Müslim, Mesâcid, 23, Cenâiz, 98; Tirmizî, Cenâiz, 57.
302 Müslim, Mesâcid, 23, Cenâiz, 98; Tirmizî, Cenâiz, 57.
303 Konuyla ilgili hadisler için bk. Müslim, Cenâiz, 97, 98; Ebû Davud, Salât, 24; Tirmizî, Salât, 236.
304 Nesâî, Cenâiz, 100; benzer bir hadis için bk. Tirmizî, Cenâiz, 46.
305 Nesâî, Cenâiz, 100; İbn Mâce, Cenâiz, 46.

• Peygamberler ve salih zatların kabirlerini ziyaret ruhlara ferahlık verir, manevi duyguların güçlenmesine vesile olur. Salih zatların, anne, baba ve yakın akrabanın kabirlerini ziyaret etmek mendup sayılmıştır.[306] Bir hadiste Hz. Peygamber [sallallahu aleyhi vesellem] şöyle buyurmuşlardır:

"Vefatımdan sonra beni ziyaret eden kimseye şefaatim hak olur."[307]

• Allah'tan bir şey isterken peygamberleri ve salih zatları vesile kılmak câizdir. Bunun için onların kabirlerini ziyaret edip, "Peygamberimiz hakkı için, onun hürmetine, yâ Rabbi onu vesile kılarak sana yöneliyor ve dua ediyorum, şu isteğimi yerine getir" diyerek dua etmek duaların kabulüne vesiledir.[308]

• Kabirleri ziyaret etmek erkekler için müstehap olup[309] kadınlar için câizdir. Kadınların kabir ziyareti bağırıp çağırma, saçını başını yolma veya başkaca bir fitne korkusu olmadığı zaman câizdir.[310] Hz. Âişe'nin [radıyallahu anhâ], kardeşi Abdurrahman b. Ebû Bekir'in kabrini ziyaret ettiği[311] bilinmektedir.

306 Hz. Peygamber'i [sallallahu aleyhi vesellem] ziyaretle ilgili hadisler ve bilgi için bk. Mansûr Ali Nâsıf, *et-Tâc*, 2/189-190; salih kimseleri ziyaretle ilgili bilgi için bk. İbn Allân, *Delîlü'l-Fâlihîn*, 3/219 vd.
307 Beyhakî, Ebû Bekir Ahmed b. Hüseyin, *es-Sünenü'l-Kübrâ*, Beyrut: Dârül-Ma'rife, ts., 5/245-246.
308 Tirmizî, Daavât, 118; Ahmed b. Hanbel, *el-Müsned*, 5/138.
309 Kabir ziyaretinin müstehap olduğuna dair hadisler için bk. İbn Allân, *Delîlü'l-Fâlihîn*, 5/18 vd.
310 Buhârî, Cenâiz, 7, Ahkâm, 2; Müslim, Cenâiz, 15.
311 Tirmizî, Cenâiz, 61.

• Kabir ziyaretini öncelikle cuma, mümkün değilse perşembe ve cumartesi günleri yapmak daha faziletlidir.[312] Ancak diğer günlerde de ziyaret câizdir.[313] Kabirleri gece ziyaret etmek de câizdir. Hz. Peygamber [sallallahu aleyhi ve- sellem] geceleyin Cennetü'l-bakî'a giderek dua etmiştir.[314]

---

312 Bu görüş Hanefî ve Hanbelîler'e aittir (bilgi için bk. Cezîrî, *el-Fıkh ale'l-Mezâhibi'l-Erbaa,* 1/540).

313 Şâfiîler'e göre kabir ziyaretinin faziletli olduğu zaman perşembe ikin- diden cumartesi güneş doğuncaya kadar olan süredir (bilgi için bk. Cezîrî, *el-Fıkh ale'l-Mezâhibi'l-Erbaa,*1/540).

314 Müslim, Tahâret, 39; Cenâiz, 104. Kabir ziyareti ile ilgili bilgi için bk. Cezîrî, *el-Fıkh ale'l-Mezâhibi'l-Erbaa,* 1/524 vd.; "Kabir", *Şamil İs- lâm Ansiklopedisi,* 3/253 vd.; *Üsve-i Hasene,* 1/470 vd.

BİBLİYOGRAFYA

Abdurrahman Azzâm (v. 1396/1976), *Peygamberimizin Örnek Ahlâkı* (trc. Hayreddin Karaman), İstanbul: Timaş Yayınları, 1995.

Abdürrezzâk es-San'ânî, Ebû Bekir Abdürezzâk b. Hemmâm, *el-Musannef* (nşr. Habîbürrahman el-A'zamî), c. 1-11, Beyrut: el-Mektebü'l-İslâmî, 1403.

Ahmed b. Hanbel, *el-Müsned* (haz. Ahmed Muhammed Şâkir), c. 1-20, Kahire: Dârü'l-Hadîs, 1416/1995.

Ahmed b. Mervân ed-Dîneverî, *el-Mücâlese ve Cevâhirü'l-İlm* (nşr. Ebû Ubeyde Meşhûr b. Hasan Âlü Selmân), c. 1-10, Beyrut 1419.

Ali el-Kârî, Ebü'l-Hasan Nûreddin Ali b. Sultan (v. 1014/1606), *Cem'u'l-Vesâil fî Şerhi'ş-Şemâil*, 2. bs., Beyrut: Dârü'l-Ma'rife, ts.

a.mlf., *Mirkâtü'l-Mefâtîh Şerhi Mişkâti'l-Mesâbîh* (nşr. Muhammed Nâsırüddin el-Elbânî), [baskı yeri ve tarihi yok], Dâru İhyâi't-Türâs.

Altıparmak Mehmed Efendi (v. 1033/1623-24), *Altıparmak İslâm Tarihi: Delâil-i Nübüvvet-i Muhammedî ve Şemâil-i Fütüvvet-i Ahmedî* (sad. İ. Turgut Ulusoy, yay. haz. Abidin Sönmez), İstanbul: Hisar Yayınevi, 1984.

Bâcûrî, İbrahim b. Muhammed (v. 1277/1860), *Hâşiyetü'l-Allâme el-Bâcûrî ale'ş-Şemâili'l-Muhammediyye: Mevâhibü'l-Ledünniyye ale'ş-Şemâili'l-Muhammediyye*, Kahire: el-Matbaatü'l-Behiyye, 1305.

Bayraktar, İbrahim, *Hazreti Peygamber'in Şemaili*, İstanbul: Seha Neşriyat, 1990.

Begavî, Ebû Muhammed Muhyissünne Hüseyin b. Mesud (v. 516/1122), *el-Envâr fî Şemâili'n-Nebiyyi'l-Muhtâr (İrşâdü'l-Envâr)*, (nşr. İbrahim Yakubî), Beyrut: Dârü'z-Ziyâ, 1409/1989.

Beyhakî, Ebû Bekir Ahmed b. Hüseyin (v. 458/1066), *es-Sünenü'l-Kübrâ*, c. 1-8, Dârü'l-Ma'rife, ts.

Buhârî, Ebû Abdullah Muhammed b. İsmail (v. 256/870), *el-Câmiu's-Sahîh,* c. 1-8, İstanbul 1981.

a.mlf., *el-Edebü'l-Müfred*, 2. bs., Beyrut: Dârü'l-Ma'rife, 1420/1999.

Cezîrî, Abdurrahman b. Muhammed b. İvaz (v. 1360/1941), *el-Fıkh ale'l-Mezâhibi'l-Erbaa*, c. 1-4, Kahire: Dârü'l-Kitâbeti'l-Arabî, ts.

Denizkuşları, Mahmut, *Hadislerin Işığında Günlük Hayatımız,* İstanbul: Marifet Yayınları, 1983.

Dinî Terimler Sözlüğü (ed. Heyet), Ankara: Millî Eğitim Bakanlığı, 2009.

Duman, M. Zeki, *Kur'ân-ı Kerîm'de Âdâb-ı Muaşeret,* İstanbul: İpek Yayın Dağıtım (Yeni Şafak Kültür Armağanı), 2011.

Ebû Abdullah eş-Şeybânî (v. 241/855), *Müsnedü'l-İmâm Ahmed b. Hanbel* (Şuayb el-Arnaût'un ta'likiyle birlikte), c. 1-6, Kahire: Müessesetü Kurtuba, ts.

Ebû Davud es-Sicistânî, Süleyman b. Eş'as (v. 275/888), *Sünenü Ebî Dâvûd* (nşr. Muhammed Muhyiddin Abdülhamid, ta'lik Kemal Yusuf el-Hût, Elbânî'nin hadisle ilgili değerlendirmeleriyle birlikte), c. 1-4, [baskı yeri ve tarihi yok], Dârü'l-Fikr.

İbn Allân, Muhammed Ali b. Muhammed (v. 1057/1648), *Delîlü'l-Fâlihîn li-Turukı Riyâzi's-Sâlihîn* (nşr. Halil b. Me'mûn Şeyha), c. 1-6, Beyrut: Dârü'l-Ma'rife, 1416/1996.

İbn Ebû Şeybe, Ebû Bekir Abdullah b. Muhammed (v. 235/849), *el-Musannef fi'l-Ehâdîs ve'l-Âsâr* (nşr. Kemal Yusuf el-Hût), c. 1-7, Riyad: Mektebetü'r-Rüşd, 1409.

İbn Hacer el-Askalânî, Ebü'l-Fazl Şehâbeddin Ahmed (v. 852/1449), *Fethu'l-Bârî bi-Şerhi Sahîhi'l-Buhârî* (nşr. Muhammed Fuad Abdülbâki - Muhibbüddin el-Hatîb), 2. bs., c. 1-13, Kahire: Dârü'r-Reyyân li't-Türâs, 1407/1987.

İbn Hacer el-Heytemî, Ebü'l-Abbas Şehâbeddin Ahmed (v. 974/1567), *Eşrefü'l-Mesâil ilâ Fehmi'ş-Şemâil* (nşr. Ebü'l-Fevâriz Ahmed b. Ferid Münzirî), Beyrut: Dârü'l-Kütübi'l-İlmiyye, 1419/1998.

İbn Hişâm, Ebû Muhammed Cemâleddin Abdülmelik, *es-Sîretü'n-Nebeviyye (Sîretü İbn Hişâm),* (nşr. Muhammed Ali Kutub - Muhammed Delibalta), c. 1-4, Beyrut: el-Mektebetü'l-Asriyye, 1412/1992.

İbn Sa'd, Ebû Abdullah Muhammed (v. 230/845), *et-Tabakâtü'l-Kübrâ (Kitâbü't-Tabakâti'l-Kebîr),* (nşr. Ali Muhammed Ömer), Kahire: Mektebetü'l-Hancî, 1421/2001.

İlmihal (haz. Heyet), c. 1-2, İstanbul: Türkiye Diyanet Vakfı İslâm Araştırmaları Merkezi (İSAM), 1998.

Karaman, Hayreddin, *Günlük Yaşantımızda Helaller ve Haramlar,* İstanbul: Nesil Yayınları, 1995.

Kur'ân-ı Kerîm ve Açıklamalı Meâli (haz. Heyet), Ankara: Türkiye Diyanet Vakfı Yayınları, 1999.

Kütübi's-Sitte ve Şürûhuhâ, c. 1-23, 2. bs., İstanbul: Çağrı Yayınları, 1413/1992.

Mansûr Ali Nâsıf, *et-Tâcü'l-Câmi' li'l-Usûl fî Ehâdî-si'r-Resûl*, c. 1-5, Kahire: Dârü'l-Kitâbi'l-Arabî, 1961.

Mâverdî, Ebü'l-Hasan Ali b. Muhammed (v. 450/1058), *Edebü'd-Dünyâ ve'd-Dîn*: *Din ve Dünya Edebi* (trc. Selahaddin Kip - Abidin Sönmez), İstanbul: Bahar Yayınevi, ts.

Nesâî, Ebû Abdurrahman Ahmed b. Şuayb (v. 303/915), *el-Müctebâ mine's-Sünen* (nşr. Abdülfettâh Ebû Gudde, Elbânî'nin değerlendirmeleriyle birlikte), 2. bs., c. 1-6, Halep: Mektebetü'l-Matbûâti'l-İslâmiyye, 1406/1986.

a.mlf., *Amelü'l-Yevm ve'l-Leyle,* Beyrut: Müessesetü'l-Kütübi's-Sekâfiyye, 1406/1986.

a.mlf., *es-Sünenü'l-Kübrâ* (nşr. Abdülgaffâr Süleyman el-Bündârî - Seyyid Kesrevî Hasan), c. 1-6, Beyrut: Dârü'l-Kütübi'l-İlmiyye, 1411/1991.

Nevevî, Ebû Zekeriyya Yahya b. Şeref, *el-Minhâc fî Şerhi Sahîhi Müslim b. Haccâc*, c. 1-18, Beyrut: Dâru İhyâi't-Türâsi'l-Arabî, 1392.

a.mlf., *Riyâzü's-Sâlihîn: Peygamberimizden Hayat Ölçüleri* (trc. M. Yaşar Kandemir - İsmail Lütfi Çakan - Raşit Küçük), c. 1-8, İstanbul: Erkam Yayınları, 1425/2004.

Selvi, Dilaver, *Delil ve Örnekleriyle Kadın ve Aile İlmihali,* İstanbul: Semerkand Yayınları, 2010.

Süyûtî, Celâleddin (v. 911/1505), *Evsâfü'n-Nebî: Zehrü'l-Hamâil ale'ş-Şemâil* (nşr. Mustafa Âşûr), Kahire: Mektebetü'l-Kur'ân, 1988.

Şamil İslâm Ansiklopedisi (red. Ahmed Ağırakça), c. 1-6, İstanbul: Şamil Yayınevi, 1990.

Tirmizî, Muhammed b. İsa (v. 279/892), *el-Câmiu's-Sahîh (Sünenü't-Tirmizî)*, (Elbânî'nin değerlendirmeleriyle birlikte), (nşr. Ahmed Muhammed Şâkir), c. 1-5, Beyrut: Dârü'l-İhyâi't-Türâsi'l-Arabî, ts.

Ünal, İbrahim, *Kur'an ve Sünnet Işığında Görgü*, İstanbul: Nesil Yayınları, 2004.

Üsve-i Hasene (haz. Ömer Çelik - Mustafa Öztürk - Murat Kaya), c. 1-2, İstanbul: Erkam Yayınları, 1429/2008.

Zebîdî, Ebü'l-Abbas Şehâbeddin Ahmed b. Ahmed (v. 893/1488), *Sahîh-i Buhârî Muhtasarı Tecrîd-i Sarîh Tercemesi ve Şerhi* (trc. ve şerh: Kâmil Miras), Ankara: Diyanet İşleri Başkanlığı Yayınları, 1978.

145 ÷ 20 = 7

27.04